江西科技师范大学 2021 年度著作出版资助基金项目

项目进度管理研究

汤新发　钟　甜　黄兴无　著

中国商业出版社

图书在版编目(CIP)数据

项目进度管理研究/汤新发,钟甜,黄兴无著.——北京：中国商业出版社,2022.9
ISBN 978—7—5208—2162—9

Ⅰ.①项… Ⅱ.①汤…②钟…③黄… Ⅲ.①项目管理—研究 Ⅳ.①F224.5

中国版本图书馆CIP数据核字(2022)第139323号

责任编辑：李 飞
（策划编辑：蔡 凯）

中国商业出版社出版发行
(www.zgsycb.com　100053 北京广安门内报国寺1号)
总编室：010—63180647　编辑室：010—83114579
发行部：010—83120835/8286
新华书店经销
北京军迪印刷有限责任公司印刷

*

787毫米×1092毫米　16开　10.75印张　260千字
2022年9月第1版　2022年9月第1次印刷
定价：58.00元

* * * *
（如有印装质量问题可更换）

前　言

进度管理是项目管理的重要内容,影响项目的效益和质量。实践中,由于忽视赶工带来的危害,致使项目管理失败的例子屡见不鲜。为了揭示进度管理中赶工效应的发展规律,在辨识项目赶工风险的基础上,控制项目风险,实现科学管理,提升项目管理的经济效益,我们撰写了本书。

本书以赶工风险因素传递为研究对象,通过定义赶工风险元,提出相对通用、规范、分类型的赶工风险管理理论模型,为提高项目风险管理的成功率、完善项目风险分析的知识体系提供理论和技术支持。为此,我们针对项目管理过程中容易出现的赶工问题进行了研究,做了以下工作:

(1)针对创新主体在技术创新的过程中,由于技术本身和市场环境的不确定性、创新项目本身的难度以及企业自身能力的制约,致使技术创新不能取得预期的成果或失败而造成各种损失的可能性,构建技术创新项目赶工风险管理理论模型,探讨高科技企业规避技术赶工风险的方法。

(2)针对人才培养项目的投入产出问题进行研究,分析人才培养过程中的赶工现象,构建人才培养项目赶工风险管理理论模型,研究人才培养项目中的赶工风险元传递问题,指出人才培养赶工引起的社会"内卷"问题,为人力资源部门管理决策提供理论依据。

(3)针对建设施工项目赶工风险传递问题,从项目提前期和施工时间对项目目标的影响着手,在现有研究基础上,考虑风险动态演化过程,构建施工管理项目赶工风险管理理论模型,分析建设工程项目赶工风险传递的内在规律,实现预警诊断和有效控制,提高建设工程项目质量。

本书是江西省教育厅科技项目(项目编号 GJJ180610)研究成果。全书对项目赶工风险的研究理论与方法、建模原则、建模步骤等做了详尽系统的论述,可作为政府部门、高等院校、科研单位及企业管理用书。

全书共分六章,国网江西省电力有限公司王永华、谢凡、胡戈飚、吴武清、杨玎、王洁参与了本书的前期资料整理。由于作者水平有限,本书中的错误与不足之处敬请读者批评指正。

汤新发

2022 年 5 月

目 录

第一章 绪论 …………………………………………………………… (1)

1.1 项目赶工问题的提出 ………………………………………… (1)

1.1.1 研究背景 ……………………………………………… (1)

1.1.2 研究意义 ……………………………………………… (2)

1.1.3 应用前景 ……………………………………………… (3)

1.2 项目赶工问题国内外研究述评 ……………………………… (5)

1.2.1 项目赶工问题国外研究的发展及现状 ……………… (5)

1.2.2 项目赶工问题国内研究现状及问题分析 …………… (7)

1.3 研究目标、内容及拟解决的关键问题 ……………………… (9)

1.3.1 研究目标 ……………………………………………… (9)

1.3.2 研究内容 ……………………………………………… (9)

1.3.3 研究拟解决的关键问题 …………………………… (10)

1.4 研究方案与框架 ……………………………………………… (11)

1.4.1 研究方案 ……………………………………………… (11)

1.4.2 研究框架 ……………………………………………… (12)

1.5 研究创新点 …………………………………………………… (14)

第二章 项目管理相关理论概述 …………………………………… (15)

2.1 技术经济理论 ………………………………………………… (15)

2.1.1 项目时间价值 ………………………………………… (15)

2.1.2 项目管理 ……………………………………………… (16)

2.1.3 项目资源配置 ………………………………………… (19)

2.1.4 经济博弈论 …………………………………………… (21)

2.2 风险管理理论 ··· (22)
2.2.1 项目风险的定义 ··· (22)
2.2.2 风险管理 ··· (22)
2.3 项目风险处置理论 ··· (25)
2.3.1 需求变更风险 ··· (25)
2.3.2 项目进度风险 ··· (26)
2.3.3 人员流动风险 ··· (27)
2.3.4 技术风险 ··· (27)
2.4 管理项目的类型和特点 ·· (29)
2.4.1 技术创新项目管理 ·· (29)
2.4.2 人才培养项目管理 ·· (31)
2.4.3 建设工程项目管理 ·· (33)

第三章 技术创新项目管理 ··· (35)
3.1 技术创新风险 ·· (35)
3.1.1 技术创新风险的含义 ·· (35)
3.1.2 技术创新风险的高度不确定性 ······································· (36)
3.2 技术创新风险的种类 ·· (38)
3.3 技术创新风险的预警 ·· (40)
3.4 技术创新赶工风险的防范 ·· (42)
3.5 技术创新项目赶工风险管理 ··· (44)
3.5.1 问题的要素 ·· (44)
3.5.2 研究方法 ·· (46)
3.5.3 创新风险超级因素类别 ·· (46)
3.5.4 创新风险超级因素讨论 ·· (50)
3.6 技术创新项目中的风险分析 ··· (54)
3.6.1 风险元传递的相关概念 ·· (54)
3.6.2 技术创新项目的风险元体系 ·· (55)
3.6.3 降低技术创新风险的有效途径 ······································· (59)

第四章 人才培养项目管理 (62)

4.1 人才的含义 (62)
4.2 人才培养的重要性 (64)
4.3 人才培养项目赶工风险分析 (65)
4.3.1 人才培养风险管理现状分析 (65)
4.3.2 赶工风险中人才培养控制的措施 (68)
4.4 人才培养项目赶工风险管理模型的构建 (71)
4.4.1 "学习工厂"的定义 (71)
4.4.2 "学习工厂"的萌芽 (71)
4.4.3 "学习工厂"人才培养的方法 (72)
4.4.4 "学习工厂"的课程设计 (77)
4.5 人才培养项目模型实例分析 (80)
4.5.1 研究背景 (80)
4.5.2 赶工风险元传递相关理论 (81)
4.5.3 人才培养项目赶工风险元线性回归模型 (83)
4.5.4 赶工风险元的概率估计和假设 (85)
4.5.5 案例分析 (86)

第五章 建设施工项目管理 (97)

5.1 建设施工管理项目 (97)
5.1.1 工程项目风险含义 (97)
5.1.2 工程项目风险特殊性 (98)
5.2 施工管理项目风险分类 (99)
5.3 施工管理项目风险管理过程 (100)
5.3.1 风险识别 (100)
5.3.2 风险估计 (102)
5.3.3 风险评价 (103)
5.3.4 风险应对 (106)
5.3.5 风险监制 (106)
5.4 施工管理项目赶工风险分析 (107)

5.4.1 施工管理项目赶工措施分析 ……………………………………… (107)

5.4.2 施工管理项目赶工风险控制的办法 ………………………………… (110)

5.5 施工管理项目赶工风险管理模型的构建 …………………………………… (112)

5.5.1 建设项目综述 …………………………………………………… (113)

5.5.2 建设项目目标体系 ……………………………………………… (114)

5.5.3 项目前置时间和项目目标 ……………………………………… (115)

5.5.4 生产力和生产系统 ……………………………………………… (116)

5.5.5 施工时间对规划过程的影响 ……………………………………… (121)

5.5.6 施工时间的意义 ………………………………………………… (122)

5.5.7 施工时间规范 …………………………………………………… (125)

5.5.8 可靠施工时间 …………………………………………………… (131)

5.6 施工管理项目模型实例分析(案例一) ……………………………………… (134)

5.6.1 主要研究内容及方法 …………………………………………… (135)

5.6.2 工程项目管理中的赶工及变更 ………………………………… (135)

5.6.3 多项目赶工型风险元传递模型 ………………………………… (137)

5.6.4 项目赶工解决办法 ……………………………………………… (138)

5.7 施工管理项目模型实例分析(案例二) ……………………………………… (140)

5.7.1 南长特高压交流工程线路工程建设的背景 …………………… (140)

5.7.2 南长特高压交流工程线路工程建设的主要做法 ……………… (142)

5.7.3 南长特高压交流工程线路工程建设的效果 …………………… (151)

第六章 结论与展望 ………………………………………………………… (153)

6.1 结论 …………………………………………………………………………… (153)

6.2 展望 …………………………………………………………………………… (155)

参考文献 ……………………………………………………………………… (157)

第一章 绪论

本章我们首先从研究背景、研究意义、应用前景三个方面提出了项目赶工风险管理理论;然后对国外风险研究的发展及现状和国内研究现状及问题进行分析,提出项目赶工风险管理理论研究的重要性;最后,提出了项目赶工风险研究目标、内容及拟解决的关键问题、研究方案和研究创新点及特色。

1.1 项目赶工问题的提出

1.1.1 研究背景

项目赶工即加快项目生产或工程的进度。项目赶工会导致项目实施结果严重偏离项目初始目标,项目质量大打折扣。例如施工管理项目、技术创新项目、人才培养等项目管理失败都归因于项目赶工。因此,防止赶工风险传递是项目(施工管理项目、技术创新项目和人才培养项目等)质量提升需要解决的实际问题。

项目是作为在人、财、物等一定资源约束条件下完成既定目标的一次性活动。根据美国项目管理学会的研究,全面成功的项目数量还不到项目总数的 30%,造成这一问题的一个重要原因是在现有的项目管理中急于求成,没有进行赶工风险管理,特别是没有重视赶工风险来源,更没有重视赶工风险元如何传递、如何影响项目的总目标。

在我国,针对项目的管理,其成功率更为低下,针对不同类型的项目,其问题不尽相同,例如:①对于技术创新项目,其产生就具有独特的领先优势,但其应用和推广却需要市场的认可,存在供求的磨合过程。技术创新者在急于求成的条件下,错失发展的机遇,被新技术替代并超越,最终偏离项目目标。②对于人才培养项目,人才既是项目的投资者也是项目的承载者,通过评价经济净现值或经济内部收益率最大化等方式来追求经济效果最大的方案。在论证整个人才寿命期的经济效果时,就经济效果的本质而言,是不确定的值,受自身健康因素影响极大,赶工埋下的种子影响人才健康进而影响人才的经济效果。③对于施工管理项目,其目标是在保证质量和安全的前提下追求最低成本,而这些目标的实施,客观上就容易造成项目赶工,滋生赶工风险。而现在大多采用传统的确定型的方法论证项目的经济效果,给出唯一确定值,没有从项目管理的高度去研究赶工风险如何影响项目的经济效果,这种论证方法不能很好地反映客观实际,虽然目前我国的一些学者在研究项目的风险管理,但考虑其赶工风险元传递的理论成果还是空白。

总之,通过前期研究,我们认为研究基本赶工的项目进度管理问题是提升项目管理质量的实际课题。通过全面查阅国内外相关文献资料,我们没有找到这方面的研究成果。本书正是为了弥补项目进度管理中对进度管理关注的不足,以期提高项目管理质量而写。

1.1.2 研究意义

研究项目赶工风险管理的主要意义包括以下三个方面。

1.弥补项目风险管理知识体系中的不足

此研究是在分析总结已有风险分析方法的基础上,就项目管理中的赶工风险元传递理论与模型进行重点研究,即探求赶工风险元如何影响项目的目标、赶工风险元的变动如何传递使项目目标随之波动,从而探求项目目标的风险,给出赶工风险分析的定量表征。如给出可行性研究项目总费用变动规律、净现值变动的规律、施工项目管理工期变动的规律等。通过本课题的研究,可以为有关规范的制定提供参考,有利于项目管理中如何控制和规避风险、有利于项目组织者和领导者的科学决策、有利于项目的顺利实施和项目目标的实现,对于项目管理中利用赶工风险元传递理论进行风险的定量分析、对于弥补项目风险管理知识体系中的不足具有理论上的创新与实际应用价值。

2.为提高我国中小企业市场竞争能力服务

随着市场竞争的日益加剧,现代企业制度、招投标制、建设监理制、教育市场化的进一步实施,各个企业都是独立的经济实体,自负盈亏、自担风险,从而对项目进行风险分析是十分必要的。在项目管理中,如何进行赶工风险元的辨识与来源分析、赶工风险元的传递计算与评价、风险的监控与规避是项目管理中非常重要的内容之一,是提高市场竞争能力的重要手段。

3.为提高人才培养质量服务

人才是经济社会发展的关键资源,人才成长和培养需要消耗大量的社会资源。研究人才培养过程中的赶工风险管理理论和关键人才流失的控制措施,有助于认识人才成长的客观规律,为提高人才培养质量、落实人力资源强国战略提供理论依据。

1.1.3 应用前景

本书研究的主要应用前景包括以下两个方面。

1.在项目可行性研究阶段的应用前景

任何项目都需要经济投入,经济投入需要可行性研究。在可行性研究阶段,需要从经济、环境、社会、技术及资源利用等方面综合论证项目的合理性。①在项目的经济评价方面需要考虑赶工风险。目前我国主要采用的是传统的确定型的经济评价方法,该方法的结论是唯一值,提供的信息不够全面,难以为合理决策提供可靠依据。通过项目赶工风险管理理论的研究,探求不确定型经济评价方法。该方法从赶工风险的辨识开始,探求赶工风险对经济评价指标(净现值、内部收益率等)的传递影响;该方法提供经济效果随风险元变动的概率分布曲线,提供风险发生的概率和大小等更多的信息,为合理决策提供更加合理、科学的信息。因此,研究赶工风险对经济效果的传递影响,继而研究风险确定型的经济评价方法是十分必要的,必将在项目的可行性研究阶段具有广阔的应用前景。②在项目的综合评价方面需要考虑赶工风险。对于大中型项目,在可行性研究阶段往往需要从经济、环境、社会等方面综合考虑项目的可行性,目前采用的综合评价模型很少考虑项目综合评价的赶工风险因素。实际上在可行性研究阶段项目综合评价的基础数据大多是预估的(如模糊综合评价的隶属度等），因此，需要通过研究基础数据的风险性或不确定性，探求其对综合指标的风险传递影响，这种风险型综合评价理论模型的研究及其应用是具有一定应用前景的研究课题。

2.在项目实施过程中的应用前景

项目的管理应充分体现项目管理的核心思想："事先计划、事中控制、事后考核。"事先计划要制订项目计划表并建立项目的目标体系；在项目的实施过程中需要进行有效的控制；项目结束后通过对项目目标值与实际值的对比分析而进行的考核称为事后考核。①项目的事先计划需要考虑赶工风险。目前的项目计划，广泛使用的是确定型的网络优化计划技术，很少考虑赶工风险因素。实际上在编制项目计划表时，大多数据都是预估的，具有很大的不确定性。因此在项目的事先计划方面，如何辨识赶工风险、如何探求其对项目总工期或总费用等目标值的传递影响，是具有广泛应用前景的研究课题；②项目的事中控制需要考虑赶工风险。在项目的实施过程中，实际值与计划值难免有偏差，具有一定的风险性。目前广泛使用网络优化技术来实施项目的有效控制，但大多采用的是确定型的网络优化技术，探求风险型的网络优化技术，从而考虑项目控制中的赶工风险，是具有一定应用前景的研究课题；③项目的事后考核需要考虑赶工风险。项目结束后往往需要进行考核，以便与项目管理人员的奖酬挂钩。事后考核的结论虽然是确定值，但在考核过程中的计划值与实际值的对比分析时，需要考虑赶工风险因素对项目实施过程的影响，例如项目的结论虽然并不理想，但完全是由不可控制的客观风险因素造成的，那么在事后考核时同样应给予较高的分值。因此，研究考虑赶工风险因素的考核技术同样是具有一定应用前景的研究课题。

1.2 项目赶工问题国内外研究述评

1.2.1 项目赶工问题国外研究的发展及现状

在国外,学者十分重视对风险的分析和管理。1975 年美国保险管理协会(ASIM)更名为风险与保险管理协会(RIMS),突出了风险管理的地位。1984 年,美国项目管理协会(Project Management Institute,PMI)制定的 PMBOK 将项目风险管理作为一个重要组成部分。

英国的风险研究与美国相比有其自己的特色,库珀和查普曼(Cooper and Chapman, 1987)提出了"风险工程"的概念,认为风险工程是对各种分析技术及管理方法的集成,以更有效的风险管理为目的,范围更广、方式更加灵活。该框架模型的构建弥补了单一过程风险分析技术的不足,使得在较高层次上大规模地应用风险分析领域的研究成果成为可能。虽然本书中立足较高层次分析风险,但还是没有提升到项目管理的高度,没有从赶工风险管理理论出发研究项目目标的风险。

美英两国在风险管理与研究方面各有所长,且具有很强的互补性,代表了该学科领域的两个主流。当今世界上一些大型土木工程项目均无一例外地采用了此风险管理,例如美国的华盛顿地铁、英国的伦敦地铁、新加坡地铁和我国香港地铁等大型项目都采用此风险管理技术,从而保证了项目的成功。

黄崇福和莫拉加(Huang and Moraga,2002)用概率分布来描述模糊集风险模型,并给出模型求解的矩阵算法。戴伊(Dey,2001)阐述了一种通过解析层次过程和决策树分析经济风险管理的定量方法。辨识出各种风险因素后,对各因素的发生概率和后果进行定量使风险因素得到定量,并提出减少风险因素影响的方案。霍根(Hogan,1992)对影响风险投资项目风险决策的显性因素进行了研究,研究结果表明,这些显性因素按重要程度可以分为三个层次:最重要的层次为管理,次重要的层次为机会,重要层次为技术、操作、市场营销和概念。拉夫特里(Raftery,2003)对项目管理进行风险分析,包括对风险特性、风险偏好以及预测建筑工程造价和工期时的心理因素进行论述。本书还给出了有关的风险分析模型和方法,并运用了大量案例进行分析,这些案例说明了业主和承包商是如何处理风险的。尼尔森和艾文(Nilsen and Aven,2003)讲述了在风险分析中的模型不确定性的概念,讨论了模型的不确定性会聚集风险,一种替换的方法就是不管系统的特性如何,将模型当作不确定因素来表述。卡本和蒂皮特(Carbone and Tippett,2004)提出扩展失效模式和影响分析(FMEA)模式以量化和分析项目风险。韩等(Han et al.,2008)回顾了全球建设项目中的基本决策过程,并提出了一个基于网络的风险管理系统。

近年来,在技术创新方面:随着信息技术的快速发展,技术创新越来越受到政府、企业和研究人员的关注。值得注意的是,技术创新的失败率很高,风险不容忽视。技术创新成为企业管理的重要手段之一,对于成功的技术创新成果,知识管理和开放式创新方法已被推荐,但是企业在实施开放式创新过程中会面临各种风险(Temel and Vanhaverbeke,2020),因此要确定创新项目中出现风险情况的高概率,需要实施风险管理措施(Shakhov and Piterska,2018)。郭栋旭、徐英俊和梅森(Kwak,Seo and Mason,2018)提出并验证一个理论模型,以调查供应链创新是否对风险管理能力产生积极影响,例如全球供应链运营的稳健性和弹性,并研究这些能力如何提高竞争优势。还有学者介绍了从可拓理论发展而来的可用于支持技术创新风险特征的物元模型(Xiao,2018)。在人才培养方面:项目风险管理和人才培养管理是国际项目管理的两个关键成功因素。将项目风险管理和人才培养管理关联起来,识别人力资源障碍,开发风险管理的混合模型,并制定战略以克服人力资源障碍,以在国际项目中进行有效的风险管理(Dandage,Rane and Mantha,2021)。在工程项目方面:不确定性和风险一直是大型项目的固有特征。尽管从业者采用了不同的项目风险管理标准,但大型建设项目中的众多不确定性和风险导致项目目标的实现出现重大失败。因此,对建设工程项目进行风险研究是十分必要的。拉希米等(Rahimi et al.,2018)提出了一种基于故障模式影响分析的混合方法来有效地识别、评估和控制工程项目中遇到的风险问题。赫拉维和霍拉米(Heravi and Gholami,2018)提出项目风险管理成熟度可以衡量执行组织如何实施有效的风险管理过程以实现项目目标。张耀和关新(Zhang and Guan,2018)在项目风险管理实践中,提出了一种集成蝴蝶结分析和优化模型的方法,从预防和保护的角度确定风险应对策略。

综上所述,国外的风险研究起步早,相对成熟,曾提出蒙特卡洛模拟法、解析法、风险调整贴现率法、决策树法、层次分析法、风险图法等方法。现如今,国外的风险分析一般借助计算机来进行,风险分析方面的软件十分普遍,风险分析的成果已成为可行性研究、经济评价、综合评价、技术创新、人才培养、施工管理等项目的主要决策依据之一。在国外,风险分析方面的论文和专著层出不穷,风险分析的范围也十分广泛。

1.2.2 项目赶工问题国内研究现状及问题分析

我国长期以来对风险的研究一般限于一些高风险的行业,如石油、矿山、水利等行业。20世纪80年代初,我国逐步开始了对风险管理的广泛研究,同时将风险管理应用到工程项目管理之中。在过去的计划经济体制下,原材料的价格由国家控制,国家是唯一的投资主体,企业没有独立的经济效益,风险由国家承担。随着社会主义市场经济体制的完善,对风险管理的研究在学术界已经成为一个热点。对建设项目经济评价、社会评价、施工项目管理等的风险研究越来越多,在国内外公开的期刊上发表学术论文数量每年都在递增,2021年国内发表风险分析方面的学术论文不少于300篇,可以说国内的风险分析与风险研究的成果是显著的。例如,李存斌和陆龚曙(2012)运用系统动力学构造出风险元与项目目标因果关系循环图,建立了风险元传递的系统动力学模型。倪冠群、徐寅峰和许晓雯(2009)引入风险补偿模型,设计了具有不同风险偏好的风险补偿策略,使具有不同风险偏好的项目管理人员可以根据自己的偏好和预期选择最优的风险策略。赵金先等(2017)将成熟度理论应用于工程项目管理中,准确地指出薄弱环节,给出改进路径评价施工风险管理能力水平,为施工风险管理能力持续改进提供支持。赵平和张向伟(2014)引入精英策略的蚁群算法研究项目进度和成本的关系,并验证了方法的合理性。王卓甫、刘俊艳和丁继勇(2011)提出了重复性建设项目赶工问题新算法,以实现低成本赶工式,但未考虑赶工的风险元传递。王瑛等(2018)针对复杂装备系统任务活动中风险分析传递类型单一、风险机理分析不全面的问题,构建不确定随机图形评审技术模型,以选取某型战机执行眼镜蛇机动任务为例,定量评估飞行风险,分析风险机理,验证了模型的有效性。李小鹏等(2018)关注能源互联网下电力信息融合风险管控,从复杂事故系统角度研究了电力CPS故障风险传递结构。罗刚等(2018)基于项目风险元传递理论,构建基于GERT网络的PPP项目风险传递模型。

尽管国内的风险研究成果较多,但在某些方面(如项目管理方面)的赶工风险研究仍然缺少系统的理论、存在如下的不足和问题。

(1) 国内的风险研究,定性描述多于定量分析,从这些年发表的有关风险分析的学术论文来看,多数是定性说明的论文,并且主要集中在风险的辨识方面。在风险研究中,风险的辨识是必需和关键的第一步,但光有风险辨识是不完善的,还要研究风险的度量与评价理论模型。

(2) 国内风险分析的定量方法中,大多针对某些基础变量进行定量分析,没有看到分类型的、系统的赶工风险元传递理论模型,特别是立足项目管理高度的赶工风险元传递理论模型研究,层面上尚未见到成熟的研究成果。

(3) 国内部分风险研究的论文从风险变量的估计开始,但对风险变量严格区分为具有随机特性的风险元和具有渐变特性的敏感元的学术论文不多。特别将不同风险变量严格区分并采用不同方法(赶工风险具有随机变化特性,且其变化是客观的、不以人的意志为转移的,研究其对目标的传递影响可用蒙特卡洛模拟、随机函数解析等方法处理;赶工敏感元的变化是渐变的,不具有随机特性,研究其对目标的传递影响可用敏感分析方法)的学术论文还没有看到。

(4) 国内的风险研究,特别是在风险的度量与评价方面的研究,没有系统地提升到项目管理的高度去分析研究。各行各业的风险分析理论模型虽然类同,但存在理论模型上的孤岛,没有上升到通用的基础理论去支撑、去贯穿、去联系、去规范,因此,各行各业的风险研究的论文很多、方法也很多,五花八门,缺少系统的理论引导。

总之,国内外的研究成果很多,但到目前为止,还没有看到针对项目质量提升、赶工风险元传递的理论模型及其应用的成果。所以从国内外的研究现状来看,本课题的研究比较有意义,同时也是一项当前企业和国家推动技术创新实现经济社会高质量发展过程中需要的应用研究课题。

1.3 研究目标、内容及拟解决的关键问题

1.3.1 研究目标

在项目赶工风险辨识的基础上,解决赶工风险向项目目标的传递影响问题,即解决定量赶工风险分析问题,提出相对通用、规范、分类型的赶工风险元传递理论模型,为提高项目风险管理的成功率、完善项目风险分析的知识体系提供理论和技术支持。

1.3.2 研究内容

本课题的主要研究内容包括以下三个方面。

(1)阐明独立创新者(企业家)在其企业发展过程中可能制定、创造和管理风险的各种方式,有助于更好地理解创新的制度框架和社会认知机制。针对创新主体在技术创新的过程中,由于技术本身和市场环境的不确定性、创新项目本身的难度以及企业自身能力的制约,致使技术创新不能取得预期的成果或失败而造成各种损失的可能性,构建技术创新项目赶工风险管理理论模型,探讨高科技企业规避技术赶工风险的方法。

(2)人才是经济社会发展的关键资源,人才成长和培养需要消耗大量的社会资源。针对人才培养项目的投入产出问题进行研究,分析人才培养过程中的赶工现象,构建人才培养项目赶工风险管理理论模型,研究人才培养项目中的赶工风险元传递问题,指出人才培养赶工引起的社会"内卷"问题,为人力资源部门管理决策提供理论依据。也有助于认识人才成长的客观规律,为提高人才培养质量服务,以及为人才强国战略提供理论依据。

(3)对于不同的项目管理模式(工程平行承发包、工程总承包)对质量风险传递的影响存在差异,针对建设工程项目赶工风险传递问题,从项目提前期和施工时间对项目目标的影响着手,在现有研究基础上,考虑风险动态演化过程,构建施工管理项目赶工风险管理理论模型,分析建设工程项目赶工风险传递的内在规律,实现预警诊断和有效控制,提高建设工程项目质量。

1.3.3 研究拟解决的关键问题

笔者围绕以下三个关键方面展开研究。

(1)建立项目赶工风险传递的系统理论:基于风险元传递模型的设计思想,构建不同传递类型的、相对通用和规范的赶工风险传递理论模型,形成一套项目赶工风险传递的系统理论。

(2)项目赶工风险传递理论的可信度研究:既有理论又有应用才是全面的,本书拟通过典型模型的实证研究来提高理论的可信度,要确保研究结果的有效性、可靠性和实用性。

(3)解决赶工风险之间的相互影响问题并能确定关键的赶工风险:影响项目总目标的赶工风险往往有多个,如何考虑它们之间的相互影响问题、如何确定关键的赶工风险是本课题需要研究解决的关键问题之一。

1.4 研究方案与框架

1.4.1 研究方案

研究方案的主要内容、步骤和技术路线的详细说明如下。

(1)研究范围界定和细化。笔者首先对研究工作任务进行细分,建立研究工作的进度计划表,细化每个研究人员的分工和任务。

(2)相关文献的详细收集和调查研究。搜集国内外项目管理、风险分析、赶工分析等相关领域的最新研究成果,重点研究国内外相关研究领域的现状和存在的问题。

(3)提出赶工风险研究的新思路。在分析国内外研究现状及问题的基础上,提出项目赶工风险研究的新思路:立足项目管理的高度来研究和分析赶工风险,确定项目目标,辨识项目风险元(素),探求赶工风险对项目目标的传递影响的相对通用模型,解决定量赶工风险分析问题。

(4)解决赶工风险的定义、辨识和估计问题。本书将影响项目目标变化的赶工风险因素分为两类:一类是这些风险因素的变化,受自然等客观因素的影响,其变化具有随机特性,可用概率和概率分布来描述和表征;本书将其称为赶工风险。另一类是这些风险因素虽然也有变化,但其变化受人为、管理者意志、逆向选择等主观因素影响,其变化不具有随机特性,如管理者消极怠工等;本书将这类风险因素称为赶工敏感元,赶工敏感元不能用概率和概率分布来描述和表征,但赶工敏感元也需要作风险分析,它对项目目标的影响是渐变的、按照一个趋势在不断变化。项目赶工风险是最基础、最原始的赶工风险变量,笔者将赶工风险的辨识、赶工风险的估计,特别是赶工风险的概率特征参数的估计作为重要内容之一来研究。

(5)提出项目赶工风险传递的系统理论模型。笔者将针对上述不同类型的典型模型进行实证研究。如对经济评价项目、社会评价项目、施工管理项目、人才培养项目、技术创新项目等进行实证研究,以验证理论模型的可行性和实用性。

1.4.2 研究框架

本书共分为六章。在第一章,我们安排了绪论,提出本书要研究的问题,并对问题的产生做了深入的剖析,以使本书研究更为适用可行;在第二章,我们安排了赶工风险相关理论概述,引述了已有相关理论,以使问题的研究具有理论支持;在第三章,我们安排了技术创新项目风险管理,重点论述一个新项目提出阶段面对的赶工风险和应对办法;在第四章,我们安排了人才培养项目赶工风险管理,重点论述一个新项目实施过程中的人才需求与工作需求之间的关系,论述人才培养赶工风险、项目效率问题及应对办法。在第五章,我们安排了建设施工项目赶工风险管理,重点论述分析一个新项目实施过程中的赶工风险管理问题,在新项目建设过程中的赶工与管理效率间的矛盾关系及解决办法;在第六章,我们安排了结论与展望,对本书的贡献和不足进行评述。本书的总体研究思路如图1—1所示。

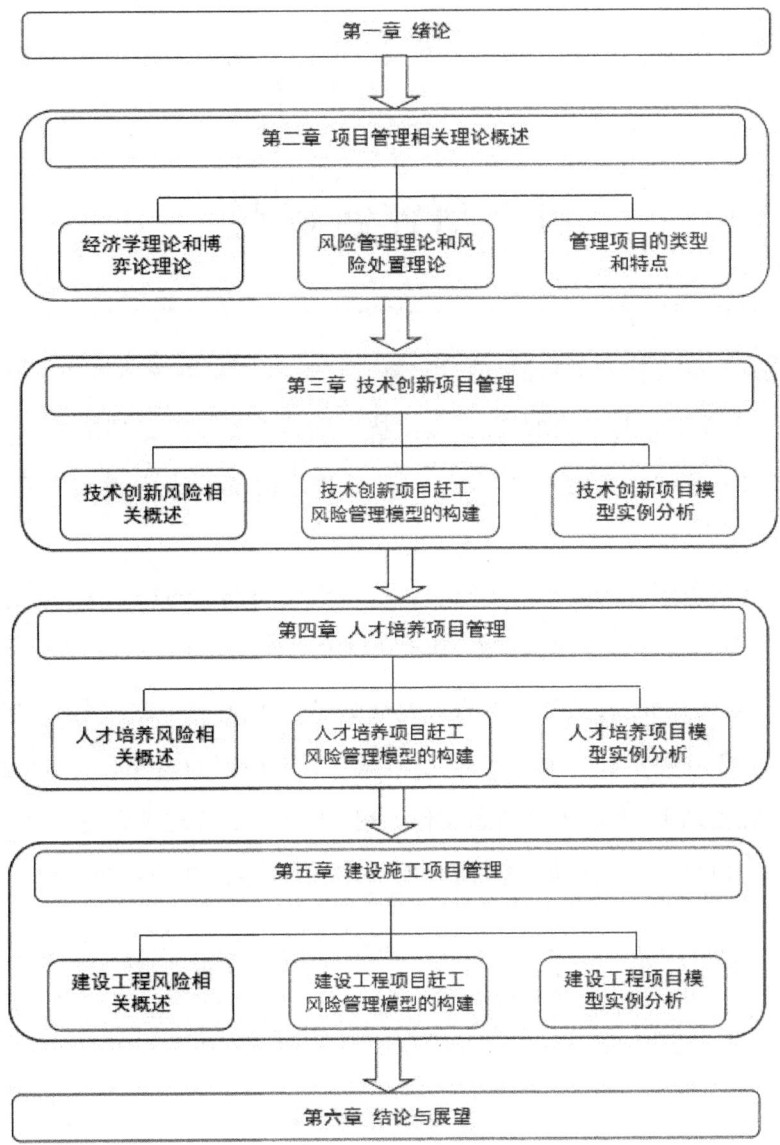

图 1-1　研究框架

1.5 研究创新点

(1)针对创新主体在技术创新的过程中,由于技术本身和市场环境的不确定性、创新项目本身的难度以及企业自身能力的制约,致使技术创新不能取得预期的成果或失败而造成各种损失的可能性,构建技术创新项目赶工风险管理理论模型,探讨高科技企业规避技术赶工风险的方法。

(2)针对人才培养项目的投入产出问题进行研究,分析人才培养过程中的赶工现象,构建人才培养项目赶工风险管理理论模型,研究人才培养项目中的赶工风险元传递问题,指出人才培养赶工引起的社会"内卷"问题,为人力资源部门管理决策提供理论依据。

(3)针对建设工程项目赶工风险传递问题,从项目提前期和施工时间对项目目标的影响着手,在现有研究基础上,考虑风险动态演化过程,构建施工管理项目赶工风险管理理论模型,分析建设工程项目赶工风险传递的内在规律,实现预警诊断和有效控制,提高建设工程项目质量。

第二章 项目管理相关理论概述

上一章，我们在提出赶工风险管理理论的基础上，不仅对相关理论的国内外研究现状和问题做了针对性分析，还对本书的研究目标、内容及拟解决的关键问题和研究方案做了具体论述。基于前一章内容，本章主要概述项目赶工风险相关理论，以便为后续章节开展项目赶工风险的分析与研究提供理论基础。在本章内容中，首先对技术经济理论和风险管理理论层面展开详细论述；然后对项目风险处置理论中所涉及的各类风险进行具体描述；最后，从技术创新项目管理、人才培养项目管理和建设工程项目管理这三个层面入手，全面性地概述了管理项目的类型和特点。

2.1 技术经济理论

2.1.1 项目时间价值

"按时且能够保质保量地完成每一个项目"始终是每一位项目经理最希望达到的结果。但工期拖延，进而出现赶工的情况却时常发生。因而，合理地安排项目时间是项目管理中的一项关键内容，它的目的是推动项目合理分配资源，使组内成员的工作效率达到最佳水准，进而实现按时完成项目。项目时间管理，主要内容从定义项目活动、活动排序、每项活动的合理工期估算、制订项目完整的进度计划、资源共享分配、监控项目进度等方面入手。其主要是为确保项目按时完成,主要包括活动定义、活动排序、活动资源估算、活动历时估算、项目进度计划编制以及进度跟踪与控制过程等。

众所周知,当企业在接手任何一个项目时,都会提及项目的交付日期,这是供求双方利益达到平衡的一个重要因素,所以进度控制是项目管理中的重要组成部分。进度控制需要设计合理的进度计划,方可控制住项目的完成时间。事实上,进度计划是表达项目中各项工作(活动)的开展顺序、开始及完成时间和相互衔接关系的计划等。进度计划是进度控制和管理的依据;同时引导项目其他类型的计划工作。项目进度计划制订是根据项目的完成目标,在项目确定的范围内、依据确定的需求和质量标准、并在项目成本预算许可下,制定出一个周密的项目活动安排流程。

时间,既意味着机会,又意味着成本。进度的加快,很大程度上直接表现为生产力的提高。一个电厂的建设项目,能提早一天发电,就意味着能提前一天支付贷款的利息,还意味着能提前一天收取电力的利润;一个客户关系信息系统项目,提前一天投入使用,就意味着客户可以更便利地享受产品和服务,从而对我们产生比竞争对手更加良好的预期,带来更多的利润。因而,一个项目能否在预定的时间里完成,就成为项目管理所要追求的重要目标之一。进度计划、进度安排和进度控制影响着整个项目,科学有效的时间安排对项目的成败有着重大的影响。

综上所述,设计一个科学合理的项目时间管理计划,采用正确的方法、合理的思路进行项目管理,能够更加有效地缩短项目进度,提高项目团队的生产力。事实上,项目成员个人时间管理的好坏、项目团队的工作风格是否统一等因素都会影响项目的进度。试想,如果项目成员连个人时间都管理不好,整个项目的进度还有保证吗?如果每个人的工作风格都不统一,需要在每个人工作完成后再来统一风格,甚至推倒重来,那么,既会大大延长项目的工期,又会增大项目开支。因此,正确的做法是科学地进行时间管理。

2.1.2 项目管理

项目管理是指对项目的整体流程、项目资源、项目技术要求、项目利益相关方进行设计、分配、控制和调整,保证项目运行,保障项目按计划实施,达到项目目标的一个活动过程。管理的对象主要包括:项目计划、项目活动、项目资源、项目时间等。项目管理贯穿项目整个过程,包括:项目规划和设计管理、项目执行管理、项目监测与风险控制管理、项目财务管理、项目采购管理等。管理活动通常以管理层会议、组织和制度建设、利益相关者的沟通、日常监测和督查等方式开展。本书所涉及的项目管理,是指合理地整合和运用各种相关政策、制度、技术标准、工具和技术等,按照项目的各项要求开展活动,从而完成项目任务,实现项目目标,产生健康效益和效果的管理过程。项目管理是在项目周期中一直持续进行的,在不同的项目周期,采取不同的管理方式和途径,包括科学规划和立项,建立项目组织结构和编制相关方案制度、筹集及分配资金、采购项目物资和服务、开展具体活动、监测和督导项目实施以及总结和评价项目完成情况等。

按照项目管理的基础知识领域,项目管理可划分为 9 个大类。

1.项目整合管理

项目整合管理是对项目需求,以及项目有关政策制度、筹资、人力、技术要求、质量标准和资金管理有关法律法规等影响因素进行整合,形成完整、可执行的项目方案和项目工作计划,指导项目执行的过程。整合管理包括制定项目有关制度、章程,制订项目管理计划,指导与管理项目执行,监控项目工作,实施整体变更调控、整理项目产出和总结。

2.项目范围管理

项目范围管理是依据项目章程和项目管理计划,定义和记录项目利益相关者的需求,确定项目范围,并确保成功完成项目所需全部工作的过程。范围管理包括收集项目需求,确定项目涉及的范围,创建项目工作分解结构表,并在项目实施过程中管理、核实和控制项目范围。

3.项目时间管理

项目时间管理也被称作项目里程碑管理,是依据项目章程、项目管理计划和项目工作计划,设计和确定项目完成所有工作所需要的时间,安排项目各项工作、各个活动的顺序,制订和控制项目进度计划和关键目标如期实现。在制订项目进度计划时,要考虑项目准备时间和完成各个活动所需要的时间。时间管理包括明确项目完成所有必需的具体行动,明确和记录项目活动间逻辑关系,估算项目各项活动筹集所需物资、人员、能力培训过程的时间,估算项目活动持续的时间,编制项目进度计划,跟踪项目进展,监督和管理项目时间计划。

4.项目成本管理

项目成本管理是对项目完成所需各项活动的成本进行估算、预算和控制的过程,确保项目在批准的预算范围内完成。成本管理的基本步骤如下:①根据项目工作分解表估算每个工作成本,对完成项目各项活动所需资金进行估算,提出成本总额;②项目实施过程中跟踪资金使用情况,监督和管理项目成本;③根据有关财务法律法规、项目章程,应对项目活动中的资金变化需求。

5.项目质量管理

项目质量管理是根据项目章程、有关技术要求,制定项目的质量控制标准,通过培训、技术管理等活动提高项目执行人员能力,改进项目质量,对项目执行中各项活动、产出的质量进行跟踪管理。质量管理的过程包括规划制定项目实施过程、项目活动、项目产品的质量要求和标准,制定质量控制要求。审查质量控制结果,保证质量标准的科学性,保证质量标准能够落实。在项目实施过程中,监测和记录项目质量活动的结果,提出改进质量的合理化建议。根据产出质量,评估项目绩效。

6.项目人力资源管理

项目人力资源管理是选择、确定参与项目实施各项活动的有关人员,组建和管理项目团队,明确团队每个岗位和每个人的职责、任务和权利,绩效评价指标,有针对性地增强项目团队成员完成项目工作的素质和能力。随着项目进展,对项目团队人员组成、分工、任务进行调整,并评价项目团队以及各成员的工作绩效。人力资源管理是组织、管理与领导项目团队的各个过程,包括提出人员需求,制订人力资源管理计划、甄选、培训人员并组建项目团队,在项目实施过程中增强团队能力,跟踪团队和各成员的表现,优化团队工作绩效。

7.项目沟通管理

项目沟通管理是依据项目章程、利益相关者需要,按照项目管理计划,与项目团队成员和其他利益相关方进行沟通,了解和整合各方利益和诉求,以确保项目的各种需求、反馈、成果等信息能够及时、恰当地生成、收集、发布、储存、调用并最终得到恰当处置的一系列过程。沟通管理的过程包括明确项目各利益相关者,了解和明确项目利益相关者的信息需求,按项目管理需要和工作计划完成信息的收集、审核、处理和发布。

8.项目风险管理

项目风险管理是指依据项目章程、管理计划,跟踪项目实施的各个环节,了解和判断项目进展状态是否符合有关政策、法规、技术规范、资金额度等各项要求,各种环境因素是否影响项目按计划完成。风险管理的过程包括如何规划实施项目风险管理,定义和判断项目实施中存在哪些风险、产生怎样的影响,评估风险发生的概率、涉及范围、对项目目标的影响,并对风险进行排序,为后续采取行动,优先控制和处理最重要的风险因素提供参考,规划应对风险的方案和措施,在项目实施过程中监控、识别和应对风险,并评价应对过程的有效性。

9.项目采购管理

项目采购管理是指依据有关法律法规、项目章程、项目管理计划、项目需求和成本控制要求,制定采购需求、选择卖方、组织实施和完成采购活动,获得所需产品、服务或成果的各个过程。项目采购管理包括合同管理,并对合同的有效性、合同绩效进行跟踪管理,必要时依据有关法律法规要求对合同内容采取沟通、变更和纠正措施。除上述项目管理的各个类别外,项目管理还包括对明确的时间、统一的技术要求、限定的实施范围、规定的预算、指定的项目实施人员的管理。在实际实施中,有关项目的范围、时间、成本、质量等要求主要是自上而下的,项目的预算也是逐级下达且有一定的测算标准、管理要求,项目的整合管理往往由各级行政部门同财政等相关部门沟通完成,项目人力资源管理、沟通管理、风险管理和采购管理的责任主要由实施项目的地方各级行政部门和授权的项目管理机构行使,中央级主要进行技术指导、日常监测和督查。

2.1.3 项目资源配置

工程项目资源管理是项目顺利实施的基础工作。人、材料和资金贯穿于项目施工的全过程,是项目施工中最主要的管理资源。做好项目资源的优化配置,一方面可以保证进度计划得以顺利实施,另一方面可以使人力、机械、材料等项目资源得以充分利用,大大降低成本,编制出现有条件下最合理的项目资源利用计划。因此,合理安排项目资源管理的目的在于,最大限度地提高项目的综合经济效益,使之按时、优质、高效地得以完成。项目在进行时要分析和识别项目的资源需求,确定项目所需投入资源的种类、估计资源的数量和资源投入的时间。而资源配置就是根据工程项目的性质、工程量、进度、质量和施工场面等解决资源的数量问题和资源的空间位置布置和协调安排问题；就是解决包括物资材料、机械设备、劳动力和资金等在内的资源在工程项目实施过程中的合理配置、分配和调度的问题。其目的是将资源进行适时、适量优化，按比例配置资源并投入到施工生产中去，以满足生产需要；进行资源的优化组合，即投入项目的各种资源在项目施工中搭配适当、协调，使之更有效地形成生产力；在施工过程中，对资源进行充分协调，实现动态管理；合理节约，有效使用资源。总之就是优化配置，统一协调，合理调度，保证生产。

在项目施工管理过程中资源管理复杂而多变，究其原因是多方面的，施工资源的种类繁多，供应数量较大，且供应受外界环境的影响较大、施工生产的不均衡性引起资源供应的多变性、施工生产复杂多变造成资源供应过程的复杂性、施工方案设计和计划资源交叉作用、施工资源对项目成本影响很大、施工资源经常需要在多个项目中协调平衡、资源同时受到企业项目种类及管理规定的限制等。

作为项目的组织者、管理者就必须统筹规划，在工程一开始就抓好各种资源控制和管理，避免施工生产陷入被动。在施工过程中，人力、材料和机械设备需求量不断变化，在配置施工资源时应力求均衡。要根据进度计划编制人力、材料、机械设备进场计划；根据材料供应与使用情况决定材料储备量；根据主导机械配置与之能力相适应的附属机械；根据季节天气变化情况和实际进度对资源进场计划进行调整；做到"人机料法"环节的统一协调。实践证明，违背客观规律，不计成本增加投入，盲目赶工和投入不足会使工程按不合理的进度进行，将造成施工资源的浪费也必将导致工程的严重亏损。所以要求我们在进行项目规划和施工作业时，合理配置施工资源，才能保证施工现场动态投入生产达到最佳组合，完成阶段施工任务，获取较大经济效益。为此，应做好以下资源配置方面的工作：对施工资源适时、适量优化配置，并按照施工进度和施工方案、工艺要求投入，以满足生产需要为原则，避免过早投入造成浪费；对施工资源进行优化组合，将各种资源在施工过程中合理搭配和协调，形成最有效的生产力；对施工资源实施动态管理，合理调配，按能力按需要协调使用，避免资源浪费，使其发挥最大作用；将资源配置纳入成本管理，研究最佳配置方案，作为降低成本的措施。同时进行经济价值分析，研究最合理的使用方法，合理节约使用资源，降低施工成本。

赶工是指投入更多的资源，加快工作进度，进而缩短工期，赶工一般只对简单重复的工作有效，如卸货、修路、挖沟等。在一般情况下，赶工有可能导致风险或增加成本，但是如果当成本与项目持续时间有直接关联时，如项目工作需要从组织外部聘请按工作日计薪的技术专家,通过赶工来缩短工作周期,也有可能节省总成本。基于此,对于认为采用赶工的手段就一定会导致项目成本增加的说法是片面的、不正确的。

2.1.4 经济博弈论

博弈论又称对策论,是研究决策主体在给定信息结构下如何决策以使自己的效用最大化,以及对不同决策主体之间的均衡。它主要由四个基本部分组成:第一,参与人,亦即博弈中选择行动以最大化自身利益(效用、利润等)的决策主体(如公司、企业、个人或国家等);第二,策略集,即参与人可选择的策略和行动空间,它告诉参与人在什么时候选择什么行动;第三,效用,即参与人的利益;第四,均衡,即所有参与人的最优战略或行动的组合。其中参与人、行动与结果统称为博弈规则,博弈分析的目的是使用博弈论规则预测参与人的行为和均衡。作为一种研究行为主体相互作用及均衡状态的方法,博弈论改变了传统经济分析的那种以个人孤立策略为基础的分析方法,而更多侧重的是经济活动中多个利益主体的行为所产生的相互作用和影响的分析,不仅有利于企业在激烈的市场竞争中全方位分析,更透彻地了解竞争者的决策行为,尽量做到知己知彼,还有利于为企业在竞争中提供可靠的理论依据,指导企业可持续发展的战略决策。

在工程项目管理中,质量控制是指为了确保合同所规定的质量标准,各方所采取的一系列的质量监督管理的措施、方法和手段,具体包括业主委托监理单位的质量控制、施工单位的质量控制和质检站代表政府和公众对工程项目的质量监督等。

在实际工作中,我们要从检查成本、欺瞒金额和惩罚系数等方面入手,杜绝施工单位的质量欺瞒活动。当然,实际问题很复杂,比如有些质量问题不是由于施工单位有意或无意的质量欺瞒所造成而是由于不可抗拒的原因所导致,而且检查也应分为一般检查和重点检查,对严重影响工程质量的施工部位和施工阶段可布置重点检查。

2.2 风险管理理论

2.2.1 项目风险的定义

　　风险在任何项目中都存在。项目作为集经济、技术、管理、组织于一体的综合性社会活动，它在各个方面都存在着不确定性。这些事先不能确定的内部和外部的干扰因素，人们将它称为风险。风险是项目系统中的不可靠因素，会造成工程项目实施的失控，如工期延长、成本增加、计划修改等，最终导致工程经济效益降低，甚至项目失败。而且现代项目的特点是规模大、技术新颖、持续时间长、参加单位多和环境接口复杂，可以说在项目实施过程中危机四伏。许多领域，由于它的项目风险大，因而危害性也大，例如国际工程承包项目、人才培养项目和技术创新项目，所以被人们称为风险型事业。在我国的许多项目中，由风险造成的损失是触目惊心的。但是，风险和机会同在，通常只有风险大的项目才能有较高的盈利机会，所以风险是对管理者的挑战。风险控制能获得非常高的经济效果，同时它有助于竞争能力的提高，以及素质和管理水平的提高。所以，在现代项目管理中，风险的控制问题已成为研究的热点之一。

2.2.2 风险管理

　　风险管理，是发现并记录可能影响项目执行的风险的过程，主要包括风险识别、风险评估、风险应对。而项目的约束性、临时性、独立性、复杂性以及关联性构成项目管理的高风险性。风险是"对项目产生消极或积极影响的不确定性"，项目风险则是对项目目标产生不利影响的不确定事件发生概率的累积效应。

　　项目风险管理是指为了最好地达到项目的目标，识别、分配、应对项目生命周期内风险的科学。风险管理是一个经常被忽略的项目管理领域，却常常能够在通往项目成功的道路上取得重大的进步。项目风险管理对选择项目、确定项目范围和编制现实的进度计划和成本估算有积极的影响。风险管理像保险的一种形式。它是为减轻潜在的不利事件对项目的影响而采取的一项活动。风险管理是一种投资，与其相关的会有许多成本，一个项目愿意在风险管理中进行投资,取决于项目的性质、项目团队的经验和两者的约束条件,在任何情况下,风险管理的成本不应超过潜在的收益。要减小赶工风险就要在赶工过程中做到质量保证和质量控制。

1.项目实施前的策划准备

项目实施前要制订周密的计划和具体的方案,计划和方案必须充分消化、吸收上游的技术文件、图纸,全面考虑人、机、料及相关接口条件,并同时做好以下工作。

(1)领导应高度重视项目实施的质量风险。对于重大项目,应组建分工明确、接口清晰的专项组织,必要时领导亲自担任负责人,定期组织例会,跟踪解决赶工准备期间,各项工作的进展和重大问题的协调解决。

(2)赶工风险识别及预控措施制定。赶工前应组织技术、质量、安全等人员对赶工中可能出现的风险进行充分识别和分析,并制定出切实可行的预控措施。

(3)施工技术文件准备。由于对质保的理解不足,在进度的压力下容易出现重实体、重进度、轻文件的倾向,文件和实体存在"两张皮"的现象。在编制赶工施工作业程序、指导书时,一定要留出时间对上游(如设计、设备制造厂)提供的图纸文件进行充分的消化吸收。

(4)与安装相关的设备,应提前检查。

(5)对于上游采购的物项存在的缺陷,应将不符合项报告,若作有条件放行,应在相应的验收文件中对不符合项报告予以记载,并对其落实情况进行跟踪。

(6)上游设备制造的遗留项清单,在设备交货时,应提交给安装承包商,以便制订出全面的、可操作的赶工计划和具体赶工方案。

(7)现场施工承包商根据施工进度的轻重缓急,主动提供图纸、设备到货时间表、房间移交计划清单并进行跟踪、催交。

(8)做好资源准备,确保可以及时在需要的地点获得合适的资源。

(9)建立有效的联络沟通机制。赶工涉及的相关设计、制造、施工和调试等单位清楚各自的分工和责任,同时各单位应主动进行沟通协调,充分利用各类协调会的平台解决赶工过程中遇到的问题。

2.项目实施过程中的质量管理

在项目实施过程中更要加强过程质量控制,绝不允许以牺牲质量来赶工。质量部门在项目实施过程中应适当增加对关键活动的监督频度,并对项目实施的质量状况实施阶段性评估,及时发现问题以督促解决。项目实施中的质量控制,应重点从以下方面开展工作。

(1)赶工风险预控措施落实。首先,赶工前制定的赶工风险预控措施,要逐一落实。对赶工中的风险应及时进行监控、评估,并随着风险的变化而及时修订预控措施。

(2)人员交底。对所有参加赶工的人员进行技术说明,说明要有针对性,包括施工流程、质量控制的项目和要求(包括过程记录的要求)、潜在的质量风险、过去的经验反馈等内容。

(3)对于降低要求使用的人员在施工过程中要加强控制、检查,可通过适当增加检查的控制点和出席率。

(4)劳务分包的管理。施工承包商对这些劳务的采购管理必须制定一套严格的管控措施。

(5)材料的采购和材料代用控制。提前做好材料采购和验收工作,确实不能事先进行验收(复验)而又不得不用于工程中的,须打开不符项报告进行跟踪;对一些存在质量缺陷的物项,由于赶工的需要又不得不使用的,也必须打开不符合项报告,并做"有条件放行",且必须在验收或交货的记录及质量计划上进行记载并跟踪后续处理情况;对于材料代用,要评估和跟踪其去向。

(6)借用的测量器具及专用器具的管理。在赶工中当自己的测量器具及专用器具数量或精度等级等不能满足施工需要时,可从外单位借用,但必须对借用工具、测量器具进行有效管理,使用前必须对其合格性、有效性进行检查。随设备供货的专用工具使用前也必须确认其有效性;对频繁使用的测量器具应考虑适当缩短其校准周期。

(7)严格执行"三级 QC"检查制度,合理安排检查人员的投入,确保在赶工期间各级屏障的有效性,做到忙而不乱。质量保证部门对于重要项目的赶工,可以组织策划专题监督,及时揭示风险,做到事前把关和过程控制。

(8)避免疲劳作业。如果采取连续加班的赶工方式,容易导致疲劳,质量、安全风险大大增加,因此,要合理安排赶工的时间,给施工人员提供适当的休息时间。

(9)严格执行工艺纪律,严禁在赶工中投机取巧、擅改既定的工艺方案,或者采用一些民用工程中惯用的做法,一旦发现,必须严肃处理。

(10)联签单、确认单的管理。对联签单、确认单必须规范管理,从联签单、确认单签字人员的资格、分发控制,联签单、确认单在现场的实施到后续行动落实的跟踪都应以制度明确规定下来。

2.3 项目风险处置理论

2.3.1 需求变更风险

需求变更风险是指在项目的建设过程中,因业务变更、流程调整或考虑不周等方面而使得业务需求出现调整的可能性,是项目建设中最常见的一种风险。这类风险具有以下特性:一是该风险的损失程度会随着项目建设进程的推进而逐渐增强,即同样的风险,在项目后期所造成的影响要远大于项目前期;二是由于需求的特殊性,在大多数情况下,一旦出现相应的风险因素,那么就有很大的可能性会导致相应风险的发生;三是由于业务需求是项目建设工作开展的基础和依据,因此这类风险的影响范围比较广,一般会涉及项目的各个环节和各个方面。

由上所述,项目经理在制订这类风险的处置方案时,不仅要从需求角度出发,还应从项目的"完成"定义、建设阶段、完成情况、人员情况和费用情况等相关方面进行综合考虑,即在制订处置方案时可以从以下四个方面入手:一是需求变更的必要性,即缺少了该变更是否会导致功能不完整,在处置时应尽量接受必要的风险,消除非必要的风险。二是项目"完成"定义的核心项,当核心项为需求时,应尽可能地接受该风险。而当核心项不为需求时,那么在对风险进行处置时就不能影响到核心项的完成,在处置时就应以消除该风险为主。三是项目建设阶段,因其在不同阶段对项目影响的不同,在项目前期应以接受该风险为主,后期则以消除该风险为主。四是考虑人员能力问题,当人员能力不足时,接受过多的变更风险会引发更多的关联风险,如进度风险、质量风险等。因此在人员能力不足时,风险处置应以消除为主。五是系统的完成情况,修改完整的功能所付出的成本要远高于未完成功能,因此针对未完成或未开始的功能的风险可以接受,而针对已完成功能的风险则应以消除为主。

在对风险进行处置时,常用的风险处置手段一般有以下几种:第一种是全部接受风险,即接受对需求可能的所有变更,并据此对项目建设工作做出调整;第二种是消除风险,即通过各种手段来防止对需求做出调整的可能性;第三种是延缓风险,可以通过与相关人员的沟通,将需求变更要求延迟到项目完成后或是其他某个指定的时点;第四种是有选择地部分接受风险,接受其中必要的部分、消除非必要的部分。

2.3.2 项目进度风险

项目进度风险是指项目的建设工作无法按照预定的计划正常开展或完成的可能性,是绝大多数项目中都会出现的一种风险。这种类型的风险一般具有以下特点:一是发生可能性较高,这是由于在编制工作计划时无法百分之百考虑到所有的相关工作,因此建设工作中势必会存在一些计划之外、不可控的工作,从而使得项目建设工作中出现进度风险。二是进度风险分为局部和整体两个层面,其中局部工作存在进度风险不代表整体进度也存在风险,但整体进度存在风险则说明一定有某些具体工作的进度存在风险。这是由于当某一具体工作存在进度风险时,我们可以通过调整其自身的工作计划或其他工作的计划来对整体进度进行修正,从而避免或降低整体的进度风险。三是与其他类型风险具有较强的关联性,项目中的大多数风险都会连带着出现进度风险。这是由于项目中绝大多数的风险因素或风险事件都属于计划之外的意外事件,因此在对其进行处置时势必会给项目建设工作带来大量额外的工作,如无法做到妥善的安排,就必定会导致建设工作中出现进度风险。

项目经理在对这类风险进行处置时,通常会遵循以下几方面的原则:一是风险处置工作不能影响项目"完成"定义核心项的实现。当其为时间时,处置工作应以消除进度风险为主要目标,以确保项目能够如期完成。而当其为时间之外的其他项时,为了避免处置工作对核心项的实现造成影响,我们可以部分或全部接受进度风险。二是明确进度风险与其他风险之间的关系。由于进度风险大多数情况下都是由其他风险引起的,因此我们在对进度风险进行处置时,不能仅仅关注于进度风险本身,还应同步对导致其发生的其他风险进行处置,否则只能是治标不治本,而无法达到预期的目标。

在对这种类型的风险进行处置时,可以采用以下几种处置方法:一是接受风险,即为了确保计划外的工作能够达到预期的目标,如必须变更的需求、更严格的质量标准等,接受该风险所造成的进度延期的可能性。二是直接降低影响,指通过可以直接作用于项目进度的手段来确保进度不会受到外部因素影响,如增加人员投入、延长工作时间等。该手段可以有效降低进度风险发生的可能性或损失程度。三是间接降低影响,指通过对关联风险的处置工作来降低进度风险发生的可能性或损失程度。

2.3.3 人员流动风险

人员流动风险指在项目建设过程中,参与建设的相关人员离职或离岗的可能性。相较于其他类型的风险,这类风险给项目建设工作造成的损失更加直接、严重。这类风险具有以下特点:一是不同岗位的人员所对应的流动风险对项目造成的损失程度是不一样的,如核心岗位的人员由于项目参与度高、作用重要、可替代性低等方面,其对应的流动风险的损失程度要高于辅助岗位。二是这类风险发生的可能性比较高。大多数情况下,人员是否流动主要取决于其自身的主观意愿。对于甲方项目经理来说,在发现相应的风险因素时,相关人员在主观意愿上已有了具体的、不易改变的决定,同时由于其无法对项目成员进行有效、直接的管理,从而使得人员流动风险发生的可能性要高于一般风险。三是该风险属于不可控风险,因甲方项目经理对项目组成员采用的是间接的管理方式,其不具备人事上的管理权限,因此很难采取有针对性的、有效的防控手段,大多数情况下只能被动接受这类风险所造成的损失。

由于该类型风险属于不可控风险,因此项目经理在对这种类型风险进行处置时,一般采用以下处置原则:以减少其造成的损失为主,降低发生可能性为辅。常见的处置方法一般有以下几种:一是降低风险损失程度,该风险损失程度的强弱直接取决于相关人员在项目团队中的重要性,因此可以通过分摊工作职责的方式,如增加人员、团队内部工作调整等,来降低其在项目团队中的作用,进而减少风险造成的损失;二是延缓风险发生,尽管风险发生的可能性主要取决于相关人员的主观意愿,但项目经理可以通过规定离职或离岗的交接时间的方式,来将风险发生的时点延后,给相应的处置工作留出充足的时间,从而降低了风险的损失程度;三是降低风险发生可能性,可以通过向团队施压、与相关人员沟通等方式、方法来降低相关人员的离职意愿,进而降低风险发生的可能性。

2.3.4 技术风险

技术风险指在项目建设过程中与技术相关的各个方面,如系统架构、数据库、开发语言等,无法满足项目建设要求的可能性。通常情况下,业务需求只有通过相应的技术手段落地后,才能够确保项目建设目标的实现。因此,一旦项目中出现了技术风险,就意味着项目建设工作存在无法继续开展的可能性,将会给建设工作带来严重的损失。这类风险具有以下特点:一是尽管其发生的可能性很低,但造成的损失却非常严重;二是越接近项目后期,其损失程度就越大;三是其发生的可能性同乙方团队的技术能力正相关。

对于项目经理来说，在对这种类型的风险进行处置时，首要目标就是尽可能地降低其损失程度。常用的方法主要有以下几种：一是要求团队根据项目建设的实际要求，来重新制订相关的技术方案。这样做的好处是可以确保业务需求能够按要求实现，坏处就是会对已完成工作和项目进度造成严重的影响；二是调整项目建设要求，从而确保现有的技术可以满足项目建设要求，进而消除风险发生的可能性；三是通过要求团队引入相关技术的专家，来降低因人员能力不足而导致的技术风险发生的可能性。

2.4 管理项目的类型和特点

2.4.1 技术创新项目管理

技术创新是指技术层面的研究开发,创新的技术应该是当前技术水平没有达到或勉强达到人们期望实现的技术。技术创新是指将有商业价值的新思想变成商业化产品的活动,也就是新技术、新工艺设想经过研究开发实现工程化、商业化过程中一系列活动的总和。技术创新不是一般意义的科学发明,而是一种新经济发展观。技术创新强调技术开发与技术有效应用的统一,重视技术要素及其他要素的组合;技术创新的动力来自市场,市场是技术创新的基本出发点和最终归宿。对施工项目而言,技术创新追求的是保证安全、提高质量、缩短工期和降低成本。

对施工企业而言,项目技术是企业取得良好经济效益的核心。面对日趋激烈的竞争市场,若想得到长远的可持续发展,必须以保证工程质量为宗旨,以提升工程进度为目标,以降本增效为手段。技术是降本增效的核心,是项目盈利的保障。技术的创新给项目带来了利润,项目的运行就是要盈利,盈利的项目才是成功的项目。技术不能停滞不前,工程技术是项目的第一生产力,工程项目的降本增效技术是核心,想要保持第一生产力的领先地位,在投标竞争中脱颖而出,技术的创新有着不可取代的核心地位。

以轮扣式模板支架施工技术为例:轮扣式模板支架是由盘扣式脚手架衍生出来的一种新型建筑支撑系统,主要应用于非高大楼板支撑体系的架体。与盘扣式脚手架相比具有承载力大、搭拆速度快、稳定性强、易于场地管理等特点。使用这种技术可以节约成本,节约工期,对结构施工质量、安全有较好的保证;无须使用扣件所需的浸油保养;易分类,便于堆放。

项目创新是可以带来显著收益的,施工方案优化和深化推动项目降本增效。工程项目通过技术创新,降低了成本与项目时间,从而使项目风险大大降低,使项目走出了低标的困境,取得了技术创新与经济效益双丰收的可喜成绩,也体现了"以人为本,科技是第一生产力"的管理理念。因此,我们必须高度重视项目工程的技术创新。

政府要加强科研工作道德建设,遏制科学技术研究中的浮躁风气和学术不良风气。保护知识产权,维护权利人利益,营造保护知识产权的法治环境,促进全社会知识产权意识,加大知识产权保护力度,依法严厉打击侵犯知识产权的各种行为。知识产权保护机制通过依法保护权利人的合法权益来激发发明人的创新热情,为企业发明创造、技术创新提供了有效的法律保护机制。鼓励企业增加研发投入,增强技术创新能力,制定促进高新技术企业发展的税收优惠政策,积极落实国家关于促进技术创新、加速科技成果转化等各项税收优惠政策,加大鼓励和支持企业研发投入的税前扣除等激励政策的力度,鼓励企业建立技术研究开发专项资金制度,允许企业加速研发设备的折旧和对购买先进科研设备给予必要税收扶持政策,对创新成果转化给予财税政策扶持。政府应在科技成果转化和推广过程中起到良好的引导作用,为企业和科研院所、高等院校之间合作牵线搭桥,构建技术交流与交易信息平台,通过科技园、孵化基地、示范基地等科技中介服务机构开展的技术创新开发与服务活动,并给予政策扶持,将具有创新性的技术成果及时转化为科技生产力。

企业内部要培育建立强有力的技术创新团队,充分发挥技术创新组织的作用,科技创新,人才为本,建立一支强有力的技术创新团队是决定企业技术自主创新能力的关键所在。在团队建设方面主要为:引进优秀人才,多方式、多渠道培养企业高层次工程技术人才,对技术骨干和管理骨干实施股权等激励政策,建立知识、技术、管理等要素参与分配的办法,充分调动大家的创新积极性;重视已有人才的教育和培养,为他们提供一个适宜的成长环境,鼓励全员参与科研创新工作,在创新实践中培养他们的探索兴趣和科学精神;强调尊重人才,提倡竞争、和谐、有序、协作的技术创新氛围和工作环境。要建立健全技术创新相关机制。

创新是企业的精神内核,而制度机制建设则是保障企业持续创新的前提,不断完善现代化的企业管理制度为技术创新提供有力保障。首先应建立技术创新市场导向机制,以市场需求为导向,落实实用技术创新行动,帮助企业产品、产业及时转型升级。其次探索多学科交叉技术创新模式,建筑工程新技术常常在不同的学科彼此交叉和相互渗透的过程中形成,学科交叉是创新的动力和源泉,创新又是科学研究的本质要求,因此多学科交叉技术创新也相当重要,并可能成为行业的引领者。最后完善技术创新激励机制,深入落实技术创新人才计划,加强优秀复合技术人才的培养和引进。

2.4.2 人才培养项目管理

人才的培养、使用和流动对工程项目的正常经营起着举足轻重的影响,其中,人才的培养和使用是保证员工工作效率的重点,事关公司未来发展的平稳性和可持续性。因此,应该从目前公司人力资源的现状出发,采取有效途径和措施加快人才的培养使用。人力资源发展的成功与否直接影响到工程项目的可持续发展。在自然资源约束、环境保护、人与自然和谐的要求下,在物质资源日益枯竭、严重短缺的条件下,人力资源显得尤为重要。综观当代世界500强,其发展的关键不在于自然资源和物质资源,不在于劳动力数量的增加或资本存量的增加,而在于对人的知识、技能、健康等人力资本的提高。因此,大力开发人力资源,加快人才的培养,提高公司员工的科学文化素质和项目管理技能,是公司发展的首要任务。

近几年来,有不少工程公司根据本企业改革发展的需要,采取一系列人才培养措施,使一大批青年人才脱颖而出,促进了项目管理的规范化、制度化、标准化,确保了工程项目生产经营目标的顺利完成,推动企业又好又快地发展。但随着国际国内经济形势的不断变化和建筑市场激烈竞争的白热化,高素质的项目管理人才严重匮乏,企业生产经营状况逐渐滑坡,青年人才培养迫在眉睫。

面对激烈的市场竞争新形势,建一个项目,带一支队伍,育一批人才,已经成为建筑施工企业培养人才的重要途径和方式。企业应高度重视项目人才培养管理工作,在项目部进一步营造用事业留人、用感情留人、用待遇留人的良好环境。

(1)明确职能定位,强化项目部人才观念。一是要明确项目部培养人才的职能定位。要进一步明确项目部干好项目、带好队伍、培养人才的职能定位,坚决克服"只用人、不育人"的现象,使"人才是企业第一资源"的观念在项目中落地生根。二是要明确项目部育人目标。要做好项目部"五定",即定岗位、定编制、定职责、定绩效目标、定考核指标,使每一位员工能力提高有方向,业绩提升有目标,落实责任有标准。三是要加强项目部育人考核。要把培养人才作为衡量项目部工作业绩的重要指标,将企业培养人才目标分解到项目部,纳入项目部绩效考核,纳入项目班子成员业绩考核,与项目经营兑现、项目班子成员提拔任用及评先评优相挂钩,使培养人才的任务量化为项目部的硬指标,增强项目部培养人才的主观能动性。尤其是项目部班子成员在人才培养上要有大局观念,要有主动意识,善于发现人才,合理培养人才,有效使用人才,当好培养项目人才的领头人。

(2)坚持用人标准,规范项目部用人管理。一是要把好项目部用人关。作为公司层面,在项目部人员优化组合上,既要尊重和听取项目部班子成员的意见和建议,也要从有利于培养人才的角度出发,兼顾考虑项目人员的合理搭配,做到人尽其才、才尽其用,避免人才资源在项目中闲置和浪费。二是要规范项目部用人程序。要完善项目部外聘人员引进程序,在简历筛选、面试笔试、考核考察、背景调查、约定谈判等环节上把好关的同时,要重点细化劳动合同条款、明确岗位责任考核指标、薪酬支付约束等内容,坚持用制度选人用人,避免项目部外聘人员的随意性。三是要坚持用人标准。要坚持德才兼备、以德为先用人标准,尤其是项目班子成员要清醒认识到,选人用人既是一种权力,更是一种责任。在项目选人用人上,要坚持原则,坚决克服论资排辈、以人画线、任人唯亲以及搞小团体、小圈子等错误行为,树立任人唯贤、五湖四海唯才是举的观念,在项目部树立人人都有机会成才、人人都能成才的良好的用人风气。

(3)搭建竞技平台,营造项目部育人环境。一是搭建思想进步平台。要加强项目部员工思想政治工作,大力加强项目文化建设,注重感情投入,关心员工的工作生活,帮助员工排忧解难,不断满足员工日益增长的物质文化需要,确保员工与企业共同发展,增强项目文化的感染力,以文化的力量打造优秀团队。二是搭建业务提升平台。每一项工程有其自身的特点和特殊的要求,项目部要针对技术上的挑战性、工期上的紧迫性和管理上的复杂性等特点,因地制宜、因时制宜、因人制宜组织好员工培训工作,引导员工学习技术,提高技能,增长才干。要坚持师徒"传帮带"等行之有效的做法,以制度规范,以合同制约。定期进行效果评估和表彰奖励,将培养人才的压力层层转化为动力,要多为青年员工尤其是新入职大学毕业生压担子、交任务、搭台子,缩短他们成才周期。三是搭建比武选才平台。要通过开展小型多样的劳动竞赛、技术攻关等活动,坚持"相马"与"赛马"相结合,使优秀人才在实践磨炼中脱颖而出,使生产一线员工感到有前程,有奔头,营造用事业、用感情留人的良好环境。

(4)细化绩效考核,完善项目部激励机制。一是要建立能力优先机制。要建立健全项目部员工业绩考核制度,用量化的考核指标来衡量员工不同的能力和价值,量才用人,把合适的人用在合适的岗位,发挥最佳作用。二是要建立薪酬激励机制。薪酬分配要与员工的工作岗位、绩效、能力、贡献等联系起来,拉开收入档次,不断提高薪酬分配的公正性、合理性和激励性。三是要注重考核结果运用。要依据岗位绩效和考核结果,建立完善的激励培训机制,营造良好的学习与提高的氛围,帮助员工实现自我成长,实现价值追求。对于外聘员工要依据岗位绩效和考核结果,做好身份转换,培养他们对企业的归宿感、使命感。通过完善项目部激励约束机制,切实让优秀人才有成就感,让平庸人员有压力感和危机感,真实客观地反映和体现人才的价值,增强项目部对人才的吸引力和凝聚力。

总之,加强项目人才培养任务艰巨,责任重大。企业要切实把项目人才培养工作摆在更加突出的位置,以项目为依托,不仅要把项目部建设成为生产经营完成的高效团队,而且要成为人才成长发展的重要基地,为企业造就大批优秀人才奠定坚实的基础。

2.4.3 建设工程项目管理

赶工意味着增加资源投入。在正常施工条件下,加快进度可以通过增加劳动时间、增加施工人员数量的方式实现。赶工有如下几个潜在风险:首先,增加了人工、材料及设备,从而增加了投资;其次,由于赶工,在作业面的安全文明施工方面有可能受到负面影响,带来安全隐患;最后,赶工也会由于质量检查及验证方面不到位,质量管理资源不足,导致质量缺陷风险。

进度和质量是工程项目的两个重要控制目标。良好的进度计划和过程控制为质量保证营造一个良好的环境,反过来对项目质量的有效管理,可以避免返工停工,保证了工程进度。而赶工会对质量形成的相关要素(人、机、料、法、环)和过程产生冲击,必然会影响到工程的质量。

例如在核电行业,由于核电项目的特殊性,涉及核安全,因此赶工对质量的风险需要给予重点关注。

(1)某些设备在没有经过制造全部工序的状态下发送到现场,这种制造安装重叠或交叉的状态,极容易造成责任和接口不清、文件信息不能受控等问题,从而对质量构成潜在的风险。

(2)人员没有培训就直接开始工作。新增的施工人员没有完成相关培训就直接进入现场工作,尤其是一些没有参加过核电工程建设的人员,进场前不对其进行相关培训,一些民用项目的施工习惯、意识就随之带入核电工程建设中,给核电建设的质量带来潜在的风险。

(3)先决条件不具备却开工。

(4)降低人员资格标准,施工人员疲劳作业。

(5)不遵守工艺操作、偷工减料。赶工中由于人员相对紧张,尤其是监督检查人员的投入不够,班组作业人员为了赶进度,常有不遵守工艺操作固有的流程,时有投机取巧、偷工减料的现象。如不按焊接工艺卡上要求的焊接参数作业,擅自使用大电流;支架、管道上锈迹、脏污没有清理干净就进行刷油漆等。

(6)不按正常流程和程序作业。在赶工的过程中大量使用现场确认单、联签单,甚至会议纪要施工,造成图纸、工作程序等技术文件与现场实际不一致。

(7)违反施工逻辑施工。

(8)记录不及时,甚至做假记录。赶工中有轻文件、轻记录的思想,现场施工活动完成后没有及时留下过程记录,甚至根本没有检查、测量,而作一些虚假记录。

就公路建设来讲,"设计赶工"的隐患非常明显,无论是山区还是平原微丘地带,都普遍存在。泥石流、滑坡、雪崩、冻土、溶洞等自然灾害是影响山区高速公路建设与运营的主要因素,且直接影响国家经济建设和交通安全。试想,如果在设计阶段排除干扰,投入更多些时间和精力,更细致地结合地形、地貌、地质、气候、水文等因素反复推敲设计方案,使其更科学、更切合实际,就有可能避免或减轻部分灾害的发生概率,避免或减少人员伤亡和经济损失。

近年来,随着经济的快速增长和城镇化的大力推进,我国建设工程项目及固定资产投资规模逐年增大,科技含量高、施工难度大的工程日益增多,工程技术风险、质量风险、安全风险日益突出,加之投资主体多元化格局日渐形成,给质量安全监管工作带来了新的困难和问题,提出了挑战。只有坚持质量第一,不赶工期,才能杜绝工程建设中弄虚作假、偷工减料、违规操作、恶性竞争等不良行为,避免工程质量事故的发生,使建筑工程经得起历史的考验。综上所述,在我国当前工程项目发展的新形势下,受有限资源的制约,赶工在当前建设中具有一定的普遍性,赶工不可避免地给工程的质量带来风险,只有在赶工前的准备、赶工过程控制及屏障的作用以及赶工后的经验反馈等方面做好工作,才能做到忙而有序,达到真正赶工的目的。

第三章 技术创新项目管理

上一章,我们对技术经济理论、博弈论理论、风险管理理论、项目风险处置理论和管理项目的类型和特点进行了概述。本章主要讨论技术创新项目赶工风险管理。首先,对技术创新风险的含义、技术创新风险的高度不确定性、技术创新风险的种类等进行叙述;其次,概述了技术创新风险的预警、技术创新赶工风险的防范;再次,构建了技术创新项目赶工风险管理模型,用于探讨高科技企业规避技术赶工风险的方法;最后,对技术创新项目模型进行实例分析,提出降低技术创新风险的有效途径。

3.1 技术创新风险

3.1.1 技术创新风险的含义

风险是由于各种因素的复杂性和变动性的影响,使实际结果和预期结果发生背离而导致利益损失的可能性。技术创新风险则是指创新主体在技术创新的过程中,由于技术本身和市场环境的不确定性、创新项目本身的难度以及企业自身能力的制约,致使技术创新不能取得预期的成果或失败而造成各种损失的可能性。同时,技术创新又是一个由以下阶段组成的过程,即产生创意构思—提出实现创意构思的设计原型—开发实验模型—工艺试验和新产品试生产—初次商业化生产—大规模生产—创新技术扩散,其中只要有一个阶段出现严重障碍,就会导致整个技术创新过程的失败。因此,可以说技术创新是一项充满风险的工作,这种风险主要表现于创新过程中的高度不确定性。

3.1.2 技术创新风险的高度不确定性

技术创新风险的高度不确定性包括技术的不确定性、市场的不确定性和其他不确定性因素。

1.技术的不确定性

(1)技术本身的不成熟。有些创意和设计虽然在技术上、市场上都很有吸引力,而且最初看来在技术上也是可行的,然而,一旦投产,就会发现许多技术问题还没有解决或无法解决,需要做较大的改进,甚至进行再创意和设计,而企业又可能没有这方面的能力和精力,创新项目不得不半途而废。

(2)辅助性技术的缺少。有些创意和设计,本身技术上没有什么问题,然而它的成功实施还取决于一些其他辅助性技术的发展,而有些辅助性技术很可能是目前无法得到的。

(3)技术的飞速变化和市场的激烈竞争。当企业进行一项技术创新时,起初这项技术是先进的,但是由于创新过程的完成需要一定的时间,当创新完成时,一项新的更好的技术可能出现,原创新的技术已经变得过时;同时,当一个企业在进行一项技术创新时,也许还有别的企业也在进行类似的创新,激烈的市场竞争并不能确保本企业的创新一定会优于别人。

2.市场的不确定性

(1)市场需求的变化。企业在进行技术创新时,一般首先要进行市场调查,了解市场需求,根据市场需求选择创新项目。但是由于市场需求的变化有时是出人意料的,当创新项目完成时,市场需求也许会发生根本变化,创新产品的市场受到很大的冲击。

(2)市场预测不准确。当市场前景模糊不定时,需要进行市场预测,根据市场预测的结果决定创新项目。但是,由于市场的复杂性和企业市场预测能力的有限性,可能会造成市场预测的不准确,由此会导致创新产品不受市场欢迎。

(3)模仿的存在。由于存在着对创新的可能的模仿,创新产品的市场会由于模仿产品的进入而受到影响。

(4)技术引进的冲击。当企业正在进行一项技术创新时,可能会有另外的企业正在从国外引进类似的技术。如果引进技术的产品的性能、质量优于该创新产品,该项创新产品的市场前景会变得暗淡无光。

3.其他不确定性

(1)政策法规的不确定性。在企业进行技术创新时,有时会出现国家宏观调控政策和法律法规的调整,从而影响技术创新项目的继续实施。

(2)投资的不确定性。在企业进行技术创新过程中,由于技术创新所需要的设备、原材料、人力成本等费用的变化,可能会出现投资预算不足的情况,而创新项目的投资者又不愿意增加投资时,将会因投资不足而导致创新项目半途而废。

(3)人才的不确定性。在企业进行技术创新过程中,有时会出现由于创新项目的主持者或主要参加者调离企业而使创新项目难以为继的情况。

总之,技术创新是一项高风险的事业,企业必须高度重视技术创新的风险,加强风险研究,采用科学可行的方法来进行技术创新风险管理。

3.2 技术创新风险的种类

对技术创新风险进行分类,是深入研究技术创新风险和加强技术创新风险管理的需要。按照不同的研究角度和分类标准可以对技术创新风险做出不同的分类。

1. 系统风险和环境风险

从系统论的角度研究技术创新风险,可以将技术创新风险划分为系统风险和环境风险。

(1)系统风险。系统风险是指因技术创新系统内部的有关因素及其变化的不确定性,而引起创新活动失败的可能性。这里的技术创新系统是指一项技术创新所需的各种要素的集合及其相互关系,并不以创新主体为边界。从企业的创新能力来看,系统风险是指开发部门的技术能力、人员素质、设备水平、管理水平、投资强度、市场开拓能力等方面导致技术创新失败的可能性。从企业经营管理角度来看,系统风险是指市场调研、技术开发、资金筹措、财务管理、生产管理、组织管理、战略管理、决策等方面存在的导致技术创新失败的可能性。

(2)环境风险。环境风险是指技术创新系统以外的环境因素及其变化的不确定性,而导致创新项目失败的可能性。环境中的风险因素在很大程度上是不可控的,尤其是宏观环境因素导致的风险是难以预测和控制的,而微观环境因素在一定程度上是可以施加影响的。

2. 过程性风险和非过程性风险

将技术创新作为一个过程来研究技术创新的风险,可以将技术创新风险划分为过程性风险和非过程性风险。

(1)过程性风险。过程性风险是指由于技术创新过程中的某些因素及其变化的不确定性,而引起创新活动失败的可能性。如创新构思不新颖、设计不合理所导致的创新风险等。过程性风险比较直观,容易被人们识别、研究与防范。

(2)非过程性风险。非过程性风险是指由于技术创新过程以外的某些因素而引起创新活动失败的可能性。如技术创新战略不明确、技术创新主体内部组织结构不协调等所导致的创新风险。非过程性风险不属于创新过程及其特定阶段,不太直观,因而也不易被人们认识、研究与防范。在企业技术创新的实际工作中,过程性风险和非过程性风险往往是同时并存、共同起作用的,而由于企业通常只注意到显而易见的过程性技术创新风险,忽视非过程性技术创新风险,因而导致技术创新的失败。

3. 不同层次的技术创新风险

从技术创新风险的层次性,可以将技术创新风险划分为最高层次技术创新风险、中间层次技术创新风险和最低层次技术创新风险。

(1)最高层次技术创新风险。最高层次技术创新风险是决定企业生存与发展的风险,主要是由方向性、战略性、关键性的因素导致的风险,如开发方向的选择和决策、市场机会的识别与判断、技术创新资源的投入等。

(2)中间层次技术创新风险。中间层次技术创新风险是由技术创新系统中各个子系统的管理与协调等因素导致的风险,如研究与开发、生产、销售等部门的管理与协调中存在的不利于创新成功的因素。

(3)最低层次技术创新风险。最低层次技术创新风险是在技术创新过程中各个阶段可能出现的最直接、最具体的因素导致的风险。三个层次的风险与环境中存在的风险,构成一个复杂的风险系统。这种分类方法的意义在于提供一个明确的风险层次结构思考模型,有利于风险的分析,为技术创新风险的分层次防范奠定了重要的基础。

4. 不同阶段的技术创新风险

技术创新过程的各个阶段可以将技术创新风险划分为开发前风险、技术风险、生产风险和商业风险。

(1)开发前风险。开发前风险是指由于调研不准、决策失误所造成的风险。

(2)技术风险。技术风险是指创新活动从立项开始到样品试制阶段的风险。

(3)生产风险。生产风险是指从小批试制到批量生产阶段的风险。

(4)商业风险。商业风险是指批量生产阶段以后出现的消费者不肯接受创新产品或因消费需求变动使创新产品缺乏市场以及由于市场竞争过度和替代产品出现所形成的风险。

3.3 技术创新风险的预警

企业技术创新风险的预警是指企业通过建立技术创新风险的预警系统,对技术创新风险进行识别、预测和评估,根据技术创新风险的性质和程度适时发出不同程度的警报,提醒企业领导者和管理者以及全体有关人员注意,以便对技术创新风险进行防范。企业技术创新风险预警是企业技术创新风险防范的前提和基础。只有通过对技术创新风险的预警,才能引起企业的领导者和有关人员对创新风险的注意和重视,才能进一步做好技术创新风险的回避、转移、分散和控制工作。因此,企业必须高度重视和认真做好技术创新风险的预警工作。

1. 建立企业技术创新风险预警系统

企业技术创新风险预警系统是企业信息管理系统的一个重要组成部分,它通过企业中的技术创新部门和其他部门的信息管理子系统共同构成企业信息管理系统,共同承担着对企业技术创新风险识别、预测、评估和发出警报的任务。因此,在技术创新的过程中,企业必须建立健全信息管理系统和技术创新风险预警子系统,明确各子系统的职责,建立各子系统之间和子系统与系统之间的关系以及信息沟通方式,做好企业技术创新风险预警的组织保证。

2. 识别、预测和评估技术创新风险

识别技术创新风险是指企业在技术创新风险刚刚出现时即可准确地把握各种风险信号,为及时防范技术创新风险奠定基础。预测技术创新风险是指企业运用各种分析和预测的方法,对将要出现的技术创新风险做出判断,为防范技术创新风险做好充分的准备。评估技术创新风险是指企业对技术创新风险可能带来的损失的估计与评价,为制定创新风险的防范措施和加强风险管理提供依据。识别和预测技术创新风险对企业非常重要,但又有较大的难度。因为在技术创新风险出现的早期阶段,风险信号大都非常微弱,极易被人们忽视,很可能会酿成大祸。因此,企业在技术创新风险出现的早期阶段就应该迅速察觉并严格监视风险,以免事态发展严重。

3.及时传递信息、通报技术创新风险

企业一旦识别和预测到了技术创新风险,就要及时地向有关领导和部门传递信息,通报出现或即将出现的技术创新风险。同时,要迅速、准确地评估技术创新风险,估计创新风险可能给企业造成损失的程度,为企业领导者制定风险防范决策提供依据。

3.4 技术创新赶工风险的防范

企业技术创新赶工风险的防范是企业对技术创新赶工风险的回避、转移、分散和控制的总称。企业技术创新赶工风险防范包括两个层次：首先，企业水平的技术创新赶工风险防范，即紧密结合企业的整体发展战略，对企业在一定时期内的技术创新活动方向与计划、人力与资金的投入、技术创新的整体组织及风险防范体系进行谋划与管理。其次，项目水平的赶工风险防范，即针对某一技术创新项目的风险因素进行分析、评价、推断和风险决策，选择合适的技术创新项目组合和方案组合，在项目实施过程中进行风险预警监控和风险管理。

1. 企业技术创新赶工风险的回避

企业技术创新赶工风险回避是指企业在技术创新决策中对高风险的技术创新领域、项目和方案进行回避，进行低风险选择。因此，技术创新赶工风险回避有三个层次：

(1) 方向性赶工风险回避，即回避高风险的技术创新领域。

(2) 项目性赶工风险回避，即回避高风险的技术创新项目。

(3) 方案性赶工风险回避，即回避高风险的技术创新方案。

企业进行技术创新赶工风险的回避，并不意味着企业盲目地回避所有的风险。因为这样会导致企业创新精神不足，难以通过技术创新来增强竞争力和求得较大的发展。

2. 企业技术创新赶工风险的转移

企业技术创新赶工风险的转移是指企业将技术创新的部分风险或全部风险转移到其他企业或组织。风险转移一般分为两种形式：

(1) 技术创新赶工风险的财务转移，即企业将技术创新赶工风险损失转移给其他企业或组织。实现这种风险转移有两种常用的方法：一种是参与科技保险或项目保险，另一种是在技术创新项目中吸收风险投资。

(2) 技术创新的客体转移，即企业将技术创新活动的一部分或全部转移给其他企业或组织,这种转移方式包括技术转让、委托开发和联合创新等。技术创新风险的转移一般伴随着收益的转移。在企业技术创新活动中,是否转移风险以及采用何种方式转移风险,需要进行仔细权衡和决策。在一般情况下,当技术风险、市场风险不大而财务风险较大时,可采用财务转移的风险转移方式,当技术风险或生产风险较大时,可以采用客体转移的风险转移方式。

3.企业技术创新赶工风险的分散

企业技术创新赶工风险的分散是指企业通过选择合适的技术创新项目组合,进行组合开发创新,使整体风险得到降低。在技术创新项目组合中,不同的技术创新项目之间的相互独立性越强或具有负相关性时,将有利于技术组合整体风险的降低。但在技术创新项目组合的实际操作过程中,选择独立不相关项目并不十分妥当。因为企业的生产设备、技术优势领域、市场占有状况,使得企业在对技术创新项目选择时难以做到这种独立无关性。而且,当项目之间过于独立时,由于不能做到技术资源、人力资源、生产资源的共享而加大创新成本和难度,因此,在企业通过项目组合来分散技术创新风险时,应当允许项目之间存在一定的相关性。

4.企业技术创新赶工风险的控制

企业技术创新赶工风险的控制是指企业在对技术创新赶工风险因素进行充分辨识和分析的情况下,对其技术创新赶工风险进行预测和防控,降低风险发生的可能性或风险发生后的损失程度。技术创新赶工风险的因素包括可控制的风险因素和不可控制的风险因素,如决策风险、技术风险和生产风险中的部分风险因素是可控的风险因素,对于这些可控的风险因素,可以通过计划、组织、协调等方式对其加以防范和控制。而对于一些不可控制的风险因素,如由于宏观政策环境、市场需求所导致的风险因素,则可采用风险回避、风险转移、风险分散等风险防范方式。

3.5 技术创新项目赶工风险管理

通过观察企业创新者,可以清楚地看到,风险也是一个追求和评价不同种类目标的问题,一个承诺的问题,一个现有社会的风险和物质后果不断变化的问题。对于这种本质上是关于影响结果和确立目标的活动,不希望发生的事件的概率和后果的稳定计算,必须扩展到包括创新中的社会和认知风险设定:这是一个主动创造风险和避免风险的双重过程。个人和社会在共同创造、谈判和重组中融合,使理解企业家精神成为可能。创新不是个人目标、个性和金钱的简单组合,而是一种有意义的社会和交流活动,旨在实现和预测理想的未来。

3.5.1 问题的要素

1.风险与创新之间的概念亲属关系

企业技术创新总是有风险的,风险和创新之间的关系历来都是从众多视角中探索,如个人风险倾向于创业成功,创业风险认知偏差,风险和创业决策,利润和创业风险,以及产品开发中的风险降低技术。创新必然伴随着一些或多或少不可避免的风险,如流失关键人员的风险、财务风险、技术风险、自我风险等。风险和创新在概念上的亲缘关系是非常清楚的,两者都是与不确定性和变化密切相关的前瞻性和面向行动的概念。风险是所有创新过程中的一个因素,因为有目的、有目标导向的行动总是指向一个不确定的未来,并可能获得一些回报,而且它是基于特定的利害关系,如机会成本或已投入的实际资本。也就是说,为了实现创新的潜力,冒险是不可避免的。

2.创新与自主技术创业

传统上,在企业层面上理解技术创新主要有两种方法,即个人主义和结构主义视角(Wolfe,1994)。个人主义在创业研究传统中影响较大,结构主义在创新研究传统中影响较大。为了理解当前的问题,两者都是必要的。创业理论中的个人主义在传统上侧重于识别创新的人格前因,要么通过将创新性与性别、年龄和家庭背景等独立因素关联起来(Kolvereid,1996),要么通过识别成功企业家稳定的心理特征。然而,这些努力取得的成功有限。有学者已经拒绝了稳定企业家特质的概念,认为个体只有在执行企业家任务时才是企业家(Schumpeter,1934)。许多学者仍然认为,个人关注对我们理解创业创新至关重要(Naffziger, Hornsby and Kuratko ,1994)。现在越来越多的人接受,基于心理学的人格模型可能有助于我们理解某些理论限制内的创新行为。越来越多的概念,如认知启发式(Yilmaz et al.,2016)、有限理性(Li and Wang,2019)、归因理论(Sanders et al.,2018)和期望理论(Mahmoud, Hinson and Anim,2018)对自主创新现象具有解释能力。

第二个提到的组织创新解释模型是结构方法,其中创新主要被视为外部因素和组织特征的结果。在这种传统中,企业规模和年龄、市场条件和竞争对手等因素都对创新绩效产生影响。个人创业行为也可以用结构因素来解释,个人主义和结构主义的创新观点都存在问题,因为它们都难以产生具有经验范围的理论。此外,两者都倾向于侧重确定创新的决定因素,从而不利于更好地理解创新的过程性和以行动为导向的品质。

3.风险的认知和社会观念

早期现代社会认为风险有好有坏。这种观点已逐渐转变,如今风险大多与负面结果有关。风险作为社会科学概念的作用主要有两个发展方向:在经济学和认知科学等学科中发现的认识论现实主义观点,以及将社会和环境影响纳入风险的建构主义观点。

认知科学倾向于将风险视为一个完全可操作的概念,它可以用概率和后果来描述。这一传统将风险视为在纯粹的个人层面上评估、假定和转化为行动。在创新和创业的文献中,认知偏差通常被认为是一种静态品质,能够解释为什么某些人愿意接受更高水平的风险,从而更有可能创办公司。关于风险和认知的另一种观点可以在认知建构主义的传统中找到,在这种传统中,关于风险的知识被视为是由两者的融合而产生的外部影响和个体的主动认知。因此,认知过程可以被理解为一种学习形式,它逐步重建个体是基于经验和隐性背景知识对风险的认知理解。

从集体主义或受社会学影响的角度来看,风险可被解释为由行动所处的环境和社会状况构成。人们不断地对什么是危险做出有意识或无意识的决定;根据特定的社会和文化框架来解释、判断和影响风险。将结构、知识、精英和行动作为风险的主要来源,以更本地化的方式看待观点和创新行为。作为当地特定社会群体和网络的成员,个人在构建他们的风险观点时,利用临时关系和情况。这些风险观点也会随着新的知识和经验而改变和适应。因此,本节有必要对风险与创新进行深入研究,以便有意义地探讨创新与风险的关系。由于这个过程似乎很难在静态的范围内理解行为主义方法论,我们必须试图理解创新者的风险设定,检查他们的行为作为社会活动。

3.5.2 研究方法

1. 参与者

本研究的实证材料基于对 12 名技术创业创新者的访谈。受访者的选择采用有目的的抽样策略。参与者是从分布在各地的创业创新者中取样的,他们在基于技术的企业中至少活跃了一年,或者直到该企业开始稳定为止。他们都在推动信息技术、生物技术或先进服务领域的技术革新的发明、生产和销售过程中发挥了关键作用。

2. 程序

访谈数据是通过深入访谈的方式收集的,访谈在参与者所在的公司进行。面试持续了 1.5~2 个小时,平均每个场合有 3 个面试官参与。总的来说,问题涉及风险和创新问题,涉及个人(创新者)和公司之间的关系。访谈是非结构化的,采访者轮流将采访的问题和答案记录在详细的笔记中,随后进行交叉核对,这些笔记最终被写入采访协议。

3. 分析

采访者阅读访谈协议,以建立解释的灵活性和共同意义,用一般叙述的方式以及具体引语的解释进行分析。然后逐行重读单个引语,并将其分解为离散的部分,可以识别出这些访谈带来的意义。这些单元被分成不同的类别,可以更加详细地捕捉到参与者所说的特定内容、类别及其相互关系,类似的主题被归类为因素和超级因素。

3.5.3 创新风险超级因素类别

下面将概述访谈的结果。从材料可以收集到两个通用超级因素位于一个本体论层面:在这种情况下是否本身存在创新风险,还是减少风险策略(我们称为创新风险影响)。在这些超级因素之下,我们找到了一般的概念因素,而这些概念因素又包含了风险和创新的若干构成类别。

1. 遇到的创新风险

遇到的创新风险超因子是指作用于创新过程的风险力量,这些风险力量被认为在一定程度上独立于创新者。可以说,创新者是遭遇到这些风险,而不是自己创造这些风险。

(1)人力资本。这一因素与组织人力资本的风险有关,例如其智力和态度资产。访谈对这一特定风险提出了两种主要类别,即人力资本风险,以及大量闲置和缺乏协调的风险。人力资本风险是指企业难以吸引和保持适当的创新能力,对于技术冒险活动来说,这可能是比其他种类的冒险活动更为微妙的问题。一位创新者报告称:"最大的挑战是迅速招人进来,并形成一个临界群体,也就是大约50人。这是覆盖那些需要开发技术的科学学科所需的数量。"另一位受访者表示:"我们需要为公司找到一个关键发明人,以保持技术创新的连续性。"但这一类别也带来了依赖特定能力的风险。这一点可以用下面的引文来说明:"这家公司严重依赖两名开发人员,他们有公司大量的股票期权,他们也被友谊联系在一起。"大量的懈怠和缺乏协调是一个与工作组织和态度有关的类别,它可能代表了新企业的典型风险。在这里,访谈也清楚地提到了技术创新的特点。一位受访者表示:"像我们这样的研究密集型团队在个人层面上有很大的动力,以至于中心协调并不真正有效,因为它似乎并不需要。然而,缺乏协调,业务和开发人员角色混在一起,最终可能导致我们犯错。"一家经历了全球快速扩张的初创企业也报告了类似的问题,但在另一个层面上的解决方案是:"我们的公司是由于在地理上和文化上存在很大差异,所以导致我们经常提供错误的信息,但这一切是因为缺乏沟通。"

(2)节奏和优先级。创业技术风险的核心风险之一在于创新的发展速度,以及进入新市场的速度(即优先级)。其中的核心是风险,即错过创业的时间(考虑到它已经开始了)。一位受访者简明扼要地指出:"这家公司面临的主要威胁是,扩大技术规模需要时间,我认为大公司最终会采用这项技术,我希望他们会选择我们。"缺乏评估决策的时间意味着创新的另一个障碍。这一点非常普遍,可以用下面这句话来说明:"节奏和快速的决定会对你的行为产生影响。"往往容易导致你雇用了错误的人,也没有很好地评估替代方案。第三个属于节奏因素的类别是先发风险。关于这类风险,一个答复者说:"一种特定的风险在于未达到规格,技术任务是压倒一切的。在这一领域,我们什么都没做过,我们做的一切都是第一次。"另一个关于速度主题的说明性评论是:"我们没有从外部获得任何真正的信任,因为我们不在一个竞争激烈的市场。作为唯一的竞争对手,我们没有被非常认真地对待。"

(3)世界在变化。当然,风险方面最突出的因素之一是外部世界发生了无法完全控制的变化。我们在这个因素中命名了一个类别,即不可抗力,指的是完全超出创新者控制范围的意外事件,如 NN 公司每周都有一些外部因素影响它。最糟糕的一次可能是决定取消 NN 整个项目围绕的产品。我们的整个战略依赖于分销基础设施。另一个重要的外部因素是风险投资家的看法。这种情况可以用下面的例子来说明:"在我们能够依靠自己的力量行动之前,我们必须吸引足够的风险投资。我们的业务对风险投资焦点和兴趣的变化和趋势非常敏感,合资企业或许不错,但资本市场的脸皮很薄。"或者,"在如今,我们试图为一个电子商务的想法获得资金,但遭到了拒绝,因为风投认为这太像咨询了。他们希望看到实物产品,以便进行投资"。在这一情况下,一个比较明显的类别是产品竞争,例如:"硬件本身并不是独一无二的,我们可以努力保护的是系统方面和服务。几乎所有(硬件产品)都是标准组件,6~8 个月内就会过时。"同时,与市场反应密切相关的类别也显得很重要。一位创新者表示:"我们过于狭隘地关注技术解决方案。即使我们提供的服务非常丰富,大约有 100 种服务,公众也不会看到或欣赏它,教育变得非常重要。"在另一家公司,"这样的系统将不可避免地取代买家之前在内部开发了一些技术,负责这些发展的工程师可能会抵制这种购买"。

2.创新风险受到影响

受影响的超级因素创新风险与对创新过程施加秩序的过程有关,或使创新过程的基本不确定性对创新者来说更易于管理或理解。因此,这组因素最接近于通常所说的创新者的风险管理过程。

(1)激活社交网络。这一普遍因素与通过使用社交网络(如各种伙伴关系)分散风险有关。其中之一就是通过合作关系管理风险。这个范畴的例证可以用下面这句话来说明,"在这个领域,一个人想要多少合作伙伴就可以有多少合作伙伴。许多合作,例如与咨询公司的合作,分散了风险,并掩盖了能力和市场上的漏洞"。在这一因素下的一个更具体的类别是合作伙伴与创业步伐的积极匹配。考虑到自身创新的速度,合作关系可以成就或毁掉一个企业。举个例子:"考虑到技术成熟所需的时间,他们没有接触普通的风投,而是更长期的投资者,如 N 和 M 公司;那些可以在没有回报的情况下持续更长时间的合作伙伴。"网络也可能为了持续的目的而被激活。这可能很好地暗示了愿景营销或战略定位。网络激活是一个试图抓住这一点的类别,例如:"学术研究人员想要发现和描述过程,生物技术公司想要开发产品。

(2) 风险学习。这一因素表明了在发展中对创新过程的理解，以及作为创新者的强烈自我认知时所隐含的风险降低实践。这组实践的一个类别是内在化以前活动的常规。一位创新者表示："在 P 这样的大公司工作增加了成功的可能性……它提供了经营自己公司所必需的惯例和流程知识。"这一因素下的另一个类别与以技术为基础的创新者如何将专业背景视为支持企业中的自我效能有关，例如："我从实验物理学中获得的观点在这里很重要，可以在复杂环境中为长期目标开发东西。""掌握自己的道路很重要，但不一定要掌握全部。"由于风险也存在于外部行动者的头脑中，这反过来又对风险有影响。在这方面的一个典型情况是："在我们的技术平台上建立信任是一个核心问题。这不仅与技术发展有关，还与找到合适的投资者加入有关。投资者有从众心理，就是必须与知名客户建立信任。因为，他们也有从众心理。"

(3) 风险渐进主义风险。风险可以通过一套做法来管理，这些做法会逐步调整风险以适应外部世界。在这一方向中，我们称之为风险管理，以说明创新者如何处理预期问题的手段。在产品开发中总是存在风险，这些风险通过技术应急计划重新确定优先级并进行管理。这些风险的真正后果通常是时间和金钱。渐进主义也可以被积极地用作一种降低风险的手段，通过调整进展的增量到一定的水平，我们选择将这一类别称为风险渐进主义。风险渐进主义的另一种形式是机会主义适应，在这种适应中，未来被视为不确定但可控。这个类别可以用以下方式来说明：我们进入了那些最容易进入的领域，一旦到了那里，我们就可以继续前进了。我们的策略是寻找最简单的，找到一条通往目标的清晰道路，威胁越少越好。这种对未来的机会主义观念也可以从风投的观点中得到启发，例如，我一开始就假设我们会自己开发硬件等。这不是一个现实的计划，但我们仍然从风投那里得到了资金，他们可能知道这个想法会发生根本的改变。

(4) 保持风险敏捷性。这一因素描述了创新者如何通过关注各种可能性和保持一系列未来行动的备选方案来报告如何应对风险。它类似于先前的因素，愿意根据未来的需求而改变，但有一个重要的区别，即对未来的导向与其说是反应性的适应，不如说是对可能的未来的积极追求。这方面的一个例子可以在使用风险投资作为测试案例的策略中找到，即推动风险投资作为向更全面创新迈进的实验步骤。这可以用下面这句话来说明："三个人写了一份技术的商业计划，目标是一个很小但很容易销售的业务领域。当时我们知道，这个市场对该产品来说太小了，但作为试验场，它的质量很好。"机会扫描，或市场拉动策略是关于目标导向的进展，不断扫描机会，并愿意根据市场动力改变方向。下面的话很好地说明了这一类别:"硬件和软件有一个简短的最佳日期。我们争取到了6~8个月的时间,竞争对手首先要从商业角度思考,然后才能产生必要的技术。"或者更具体地说:"创业才是我们的重点,而不是技术。"因此,"风险管理对我们来说是保持一个明确的业务重点,并不断寻求新的产品和服务,我们不会靠产品致富"。

(5)创建和管理自治。在持续创新过程的超级因素下,最后一个因素是创建和管理企业的自主权。一些受访的创新者发现,为了确保企业的创新完整性,利用不同种类的外部创新审计是有用的。一位受访者实现这一目标的方式如下所述:"我曾多次试图让我的同事们否定这个想法,但他们的尝试没有成功。这样一来,我认为技术风险也算进去了。"另一个更面向外部的版本是:"最重要的不是在特定时间内将产品推向市场,而是让外部参与者通过对特定技术表现出兴趣来验证这个概念。"技术实力是前一类的一个版本,即创新者利用技术的力量实现自主。一个例子是,"这个想法就像一把猎枪;它是如此的多功能,如果最初选择的应用程序由于某种原因不能工作,它可以适应新的应用程序"。这些额外的出口将有助于把风险降至最低。在行政和财务方面,我们发现"搭便车"是一种规则,而不是例外。"搭便车"显然是一种促进企业自主权的常见非正式策略,例如:"资金太少或太专一是另一种风险。我们用S公司预算的钱购买机器,并将其中一部分用于开发创新,获得原谅比获得许可容易。"这一普遍因素的最后一个类别与创造动力有关,目的是作为自主玩家进入并留在竞争中。一位创新者直接谈到了这一现象,他说:"在很短的时间内,我们会见了无数的风险投资人,招募了员工,做了350次演讲,在8个贸易展会上展示。这让车轮不停地转动,人们保持了势头。"

3.5.4 创新风险超级因素讨论

采访中出现的超级因素可以说将创新者的风险世界分成了两种不同的情况:一种情况下,风险通常是公平给定的,或者是创新者无法控制的;在另一种情况下,创新者会影响风险,利用风险,利用不确定性为自己谋利,或者按照传统的方式管理风险。遇到的两个超级因素和创新风险有影响的实证材料,创新者自己,常常直言不讳地看作不同的(在某种意义上,有些风险是可控的,而其他人则不会),我们认为都是实证和分析风险管理水平。事实上,这些超级因素的分析稳定性可能不如它们的经验稳定性。在分析上,我们一直在使用已经存在的概念来分析包括遇到和影响特定风险的两个过程。这里的"特定"指的是一个过程,在这个过程中,个人的、社会的和事实的条件会融合在某种形式的外部现实的积极创造中。因此，制定风险意味着一个意义制定过程，在这个过程中，需要个人协商并理解什么是风险。下面对各种因素的处理应被理解为试图阐明风险和创新的超越成分。

人力资本的类别包括与企业雇用的个人和与企业有关联的个人有关的风险。这些风险可能与大多数公司的风险类似，但由于大多数高技术初创企业处在动荡和苛刻的环境，对特定个人及其关系的依赖可能是极端的。与此同时，由于公司需要特定的能力（例如，以学术为基础的能力和以市场为导向的能力），这些能力除了必须存在，还必须与公司一起成长。在这种情况下，必须在成功管理人员和发展商业理念所需的活力和自由，以及企业生存所需的稳定之间找到平衡。因此，人力资本风险可能被视为创新效率困境的核心，这一困境通常被认为是创新设计的问题。

速度和优先类别是高科技创新的核心。在一个充满新鲜感、不确定性和缺乏时间的情况下，总是会有压力和一种不确定何时和如何发展冒险的感觉。速度和优先级当然是创新者在恰当意义上遇到的因素，然而，这一类别的真正意义是在影响更好的位置和理解战略定位问题的背景下收集的。

世界的变化可能象征着创新的周围环境的不稳定和无情。无论计划执行得多么好，在风险开发过程中总会存在不可预判的风险。这些因素可能来自自然现象，例如，由于人类精神不可预测的性质而产生的波动。简而言之，这些因素的性质不受任何方的控制，其出现也难以预测。以上提到的创新给我们带来了风险。选择用"遇到"这个词，因为它们或多或少都是不可避免的（这并不是说它们缺乏解释的灵活性）。为了理解这些风险，并以一种有意义的方式发展企业，创新者必须以一种建设性的方式处理它们。在面试过程中，我们发现了很多实现这一目标的方法。

在创新风险的超级因素影响下，发现了许多影响创新者行动能力和影响企业变化的因素。新的独立企业是一个边界很明确的实体。通过有意识地打开公司的边界，利用从专业和个人网络中可以得到的资源，公司可以表现得像一个拥有更多知识和资源的更大的组织。鉴于此，这种活动可被视为行动者网络内的战略性动态定位。企业家有能力利用大量的参与者，如金融家、顾问和潜在客户直接和间接分担风险。优势定位和利用现有网络是创新者规避风险和创造机会的重要策略。通过在不同时间激活可用网络的不同部分，似乎可以使其利益适应当前的需要。通过采用这种策略，该缓冲器包含两种无功率减震类型的能力以及更准确的定位。这是一个网络概念，即创新者如何在他们的企业中制定行动和更大的结构之间的差异。风险投资还能够在一个围绕着它的缓冲层的世界中导航。

从知识生成的角度来看,风险学习代表了一个类似的因素,在这方面,来自大公司、学术界和风险本身的经验似乎有助于建立信心和理解创新过程作为目标驱动的活动,以及一个人自己在这个过程中的位置。这与南丁格尔将创新过程作为一种学习和识别活动的见解密切相关。然而,与一些创新者强调目标是构成要素不同,我们发现应该把重心放在风险的逻辑学习上,并从不确定性中学习来掌握不确定性的可能性。

风险渐进主义描述了创新者如何通过谨慎地开发风险,实现对通常不确定环境的某种形式的控制。风险渐进主义不应与简单的谨慎行事混为一谈,也不应与蒙混过关的科学混为一谈。在官僚主义的背景下,蒙混过关往往是一种非常理性的做法。与胡乱制定政策相反,风险渐进主义创新战略背后的动机往往是雄心勃勃,许多参与者将谨慎开发企业(例如有限的市场引入)视为产品开发过程的一部分;企业的增量调整是测试阶段的一部分,目的是开发一个更成功的产品。在这方面,创业发展取决于未来有多确定,取决于公司相信自己能对未来发挥什么样的控制力。

企业应对独立技术面临风险的一种方法是在创新过程中保持高水平的精力,从而使其警觉和敏捷。在保持风险敏捷性的情况下,我们看到创新者是如何不断探索不同的机会,并采取多种不同的行动方式,而不是沿着选定的路径寻求降低风险的。通过积极管理和探索一系列可能的前进方式,创新过程需保持警惕,并为未来提供杠杆。在这个视图中,创新意识到现有的风险不过是一个进化过程,许多方面可以发展,因为企业能够利用风险,可能的替代总是准备好迅速向一个方向或另一个的内部生成的偏好,或者依靠外部需求。

从影响创新风险的角度来看,创造和维持自主的因素似乎解决了创新几个未解决的困境。例如,以前的研究表明,过多或有限的自由往往会抑制创新能力。虽然拥有独立技术风险的企业在形式上相当独立,但它们通常承受着众多利益相关者的持续压力,比如风投、所有者或合作伙伴和客户。目前的研究表明,为了应对这些外部力量过于约束的风险,一些创新者倾向于积极地寻找一个领域或路径,在其中,他们可以根据自己的意愿发展企业。这种对自我的依赖和对外界压力的抵抗,可以被看作一种企业家反身性的表现形式。在这种反身性中,外部世界,尽管看起来可能很混乱,却是一个明确的、给予创新者的东西,有时还会保护他自己不受其影响。在我们实证调查的一些实例中,这种行动被视为一种合乎逻辑的预防措施,例如,通过允许企业依赖创新者或风险团队,不知情影响的风险就会降低。在其他情况下,自主意愿更多的是与创新团队(或创新者)对企业的个人认同有关的生存因素。

我们对创新过程中风险的处理,与其说是关注直接的或所谓的客观风险,不如说是关注创新者的理性判断,将风险概念作为企业的一部分。最接近客观风险的是第一个超级因素,即遇到的创新风险,尽管在这里,在访谈中所宣布的和在类别中反映的是比通常设想的客观风险更高的抽象层次。在这方面,我们分析中的类别通常充当了可以称为更直接风险的中介和过滤器。这些访谈揭示了一些更接近实际操作的风险,例如创新的财务和技术方面的风险。然而,尽管这些可能对商业计划等很重要,但它们并不能说明创新的基本社会认知过程,因此在目前的商业计划内价值有限。相反,这些直接风险构成了一种普遍但次要的影响,间接地体现在对风险的感知等类别中,包括资本主义、不可抗力、市场反应和先发风险。从这个角度可以发现,技术和金融风险的必然性或世俗性,能在技术创新者的日常活动中体现出来。是如何通过上述类别的应用,在技术创新者的日常活动中遭遇和实施的。

利用这些因素和分类的一种方法是在评估更直接的风险时作为分析工具。如果面对一个给定的风险,面临的技术风险评估系统的讨论,在这些风险因素基础上和类别描述中,可以产生一个相当广泛的、有关创业创新的风险以及相应的风险分析的焦点。因此,这些因素不应被视为不同风险的描述,而应被视为具有解释具体简单风险以及显著的创业创新情况能力的中间焦点。

许多作者认为,代表管理者和企业家的某种程度的天真是积极的,也就是说,固执和过度自信有时比过度谨慎的反思更可取。然而,我们的研究也支持这样一种说法,即创业战略可能是经过研究获得的,这表明,如上所述的发现可能以一种非常直接的方式对创新者有用。如在学习环境中。在激发自下而上的创新倡议方面,例如孵化器活动,可以使用不同的机制,如教育或咨询,来支持已证明有效的过程。

综上所述,风险与创新紧密相连。在创新方面,在风险投资的直接风险方面,以及在更微妙和间接的方面,风险刺激创新能力,使企业家能够利用各种选择。与其寻求外生因素与成长之间的定量关系,或笼统地描述与能力或特征相关的微观层面情况,还不如对创新过程的社会微观动力进行更有针对性的调查。通过将风险和创新的概念结合在一起,探讨高科技企业家是如何规避风险的。

3.6 技术创新项目中的风险分析

随着企业竞争的不断加剧,技术创新对于企业发展的影响越来越大。完善技术创新项目风险元传递理论体系,对企业技术创新过程中遭遇的风险进行分析成了企业健康发展的必要途径。深层分析中国企业技术创新风险元传递的研究现状,从中找到并发现问题,最终确定解决问题的对策和改善意见。希望可以协助企业技术创新人员更好地开展技术创新,实现企业更好更加健康的发展目标。

如何确定企业技术创新过程中存在的风险,对其各项风险要素之间的关系进行分析,进而改变企业技术创新的现状,以实现组织要达成的目标,强化组织效能,这是作为一名企业技术创新人员必须要考虑的重要内容(陈斌、王蕾、刘群英,2017)。审视技术创新风险研究的现状,国内外对此均有一定的研究成果,但因为研究的视角不一样,所得出的结论并不一定可以适用于全部的技术创新风险问题的解决。以技术创新风险元传递为研究课题,对技术创新风险进行分析,对这一课题的研究现状进行解读,找出问题,解决问题,提出相对可行的建议,具备一定的现实价值。

如何才能最大限度地规避技术创新风险,帮助企业将这些风险转化,转变为对企业有利的要素,提高企业技术创新的效率,这对企业而言是一个极为重要的问题。当前的研究大多从一个企业或者一个行业的角度对技术创新风险进行分析,对于如何完成技术创新风险转移的研究还存在一定漏洞,无法有效规避技术创新风险。

3.6.1 风险元传递的相关概念

1.风险元的含义

在一定的时间段内,以一定的环境为背景,风险所导致的结果与人们预期目标之间所存在的差距就是风险。在一定的时间段内,以一定的环境为背景,对风险所导致的结果产生一定的影响,从而进一步使得差异性结果出现的因素,就是风险元。在了解风险元时可以从以下几个角度入手。

第一,因为在不同时间段、不同环境之下可能导致风险元存在差异,或者说会导致差异性出现的因素有所不同,因此在理解风险元时需要对特定的环境和特定的时间进行强调(赵丽娟等,2017)。第二,对发生产生影响从而使差异性出现的因素是不同的,这些因素可能是模糊因素、随机因素或者是其他存在不确定性的因素,因此在对风险元下定义时需要针对所存在风险的实际情况来处理(李存斌、刘赟奇、李书科,2015)。第三,在对所存在风险进行分析时,需要以具体的实际情况为基础,对在很大程度上可能对风险产生后的结果产生影响的因素进行列举;相反,一些对风险产生后结果产生影响的概率较小的因素,或者是所产生的影响极小的因素,可以暂且忽略不计,可以在分析完主要的影响因素之后再决定是否进一步展开分析。

2.风险元传递的含义

以上述对风险元概念的解释为基础,我们再结合供电公司的智能电网运行过程中所进行的风险管理来对风险元传递的相关问题进行研究,首先,我们可以假设在智能电网中的部分或某个风险域发生变化后使另外的部分或某个风险域产生了变化,换句话说,就是针对智能电网中一些风险因素的变化而导致某项指标(如同业对业指标以及供电公司的一些任务目标)所产生的变化(石黎,2015)。从上面的论述分析可以看出,风险元传递就是在一个系统之内存在一个风险要素,这一要素在风险域之内进行传递。同时,还有另一种说法是,针对某个目标而言,假如其中包含着某个对应的关系。因为它们有此种关系的存在,一个发生变化,另一个就会对应受到影响。此种相互对应、彼此影响的关系就是风险元传递。

3.6.2 技术创新项目的风险元体系

1.技术自身的风险

在实际的操作过程中,技术风险是对技术创新产生影响的首要因素。企业在开展自主创新的过程中,由于所采用的技术存在很大的不确定性,就可能会使创新失败,导致此结果的主要因素为生产技术、高新技术研发以及产品试制等所具有的探索性特征。所采用的技术对于技术密集型的产业及产品来说,是至关重要的。即使是在劳动力、效益、市场和资金条件都充足的情况下,投资项目也面临着一定的风险。相反,一些产业链较为低端,但是国内技术较为成熟的相关项目,则很有可能演变为吸引投资的关键点,从而涌现出低水平的重复建设(黄菊、唐建民,2015)。在技术创新过程中技术风险所产生的重要影响主要体现在以下几个方面。

第一,技术实现存在不确定性。风险高、收益高、投入高以及回收期长是技术创新所具有的基本特征。此外,在一项技术的研发过程中,天时、地利、人和更是缺一不可。换句话说,在技术的研发过程中,企业不仅需要组建充足的研究队伍和人员、投入充足的资金,还需要在前人研究的基础上结合此领域的相关知识对此技术的成功率进行进一步的分析。在探索未知知识和进行技术开发时往往会出现一些意料不到的因素,而这些因素的出现往往是没有规律的。第二,技术效果存在不确定性。某项技术在研发成功之后为所在企业带来的效应就是此技术的技术效果。通常情况下,我们认为新技术的产生将会为企业注入活力,但是在实际情况下,新技术是否会为企业带来活力并不是一定的,关键要看此技术与企业发展所需技术是否符合(秦旋、莫懿懿、王景慧,2014)。如果二者并不符合,那么不论这项技术有多么先进,也难以对企业的发展产生积极影响,换句话说就是企业在进行技术选择的过程中面临着一定的失误风险。第三,辅助行业存在不确定性。辅助技术对技术的实施来说至关重要。有些创新项目所采用的技术并不存在问题,甚至技术本身还具有某种先进性,但是这些技术在实际的应用过程中却难以展现出优越性,导致此现象的问题就是辅助行业不够完善。从以下两个方面入手对辅助行业进行分析。首先,辅助技术可能有所缺乏。其次,售后服务也会对产品的创新产生一定的影响。如果售后服务达不到标准,产品的进一步推广将会面临很大的问题。第四,技术寿命存在不确定性。某项技术被新的技术替代所需要的时间就是技术寿命。在高新技术行业中,高新技术产品的更新换代速度非常迅速,因此产品的寿命也比较短(李红艳,2014)。如果某项技术被新技术替代的速度太快,它所产生的效益将和预期相差甚远,或者使企业遭受损失,这就需要企业在进行创新之前对所涉及的技术进行正确的预测和衡量。第五,知识产权存在不确定性。我国相关法律并没有对自主技术创新所涉及的知识产权问题进行明确的规定,相关的创新企业在此方面也没有足够的意识。因此在企业新技术施行之后,同行业的企业就可以通过对此技术进行模仿来实现同样的效果甚至得到更多的收益。

2. 市场隐藏的风险

创新产品在市场环节中所存在的可能会对产品的市场推广产生影响的不确定性就是市场风险。在市场中占据一定的份额，并且获得可观的收益，是企业经营的主要目的所在。因此，在企业的生存和发展过程中，市场起着至关重要的作用。创新产品是否能使消费群体的需求得到满足，或者是否能使消费者对其产生认同，都是难以进行事先预测的。此外，在产品的销售过程中还面临着激烈的市场竞争，因此存在很大的不确定性，包括企业的市场管制和经济政策等因素，都是难以进行事先预测的。那么这些不确定性因素可能会使企业的创新产品难以走进市场。

3. 管理过程的风险

管理风险是指在技术创新活动进行过程中，由于管理不善而导致创新活动失败的风险。①技术管理。企业对自主创新技术的管理主要包括准备阶段进行的调查和评估，也就是管理层针对技术的可行性、回收期等进行分析和预测。如果企业还没有调查清楚就进行投资和生产，可能会给企业带来巨大的损失。②人才管理。进行人才管理的首要任务是对人才进行正确的选择。所选择的人才需要有扎实的专业理论知识、充足的实践经验、超前的眼光和敢于尝试的精神等，具有上述特点的人才我们称为风险投资家。这类人才不但需要在专业知识和企业管理理论方面具有坚实的基础，还必须具有高科技企业或者金融投资方面的管理实践，是一种复合型的专业人才。专业结构不合理和老化现象也是问题的关键所在。黑龙江省近年来经济出现一定的下滑，导致此现象的主要原因就是人才的缺失。因此人才对经济发展来说至关重要，也对企业的自主创新产生了重要影响。

综上所述，在选择人才的时候必须要考虑相关技术人员的综合素养，比如其知识水平、实践经验、职业道德和管理能力等。在管理好人才的同时，还要管理好整个运营团队。不管研发队伍的综合实力如何，都需要对其进行有效的管理。合理的管理可以使创新项目的进程得到推动，而不合理的管理将会使创新项目的发展受到阻碍。

4. 资金存在的风险

财务风险是指企业对资金展开的管理。企业顺利运行是为保证其技术创新拥有足够资金的前提。企业的负债情况以及每个部门所具有的资金都要处于优良的状态，并且企业还需要具有应对突发状况的流动资金(常昊、刘吉成、李存斌,2014)。

此外,技术创新项目中所投入的资金必须要与金融利率、关税税率、经济环境等的变化相适应,避免出现因投入资金成本太高、负债过重、预算不足等因素而造成的不良后果。

5.生产方面的风险

即使一项创新型技术已经研发成功并且相对成熟,想要把这项技术真正投入生产活动,仍然具有很大的不确定性。一项创新型的技术是否可以投入生产,需要考虑各方面的实际影响因素,比如,技术的投入所需要的仪器设备、生产环境、企业所能承担的资金环境等。这些生产风险具体可分为以下几个方面。首先是环境和技术二者间的切合程度。由于创新型技术对生产设备及生产环境的要求都能基本确定,所以对环境参数以及连续生产所需的设备参数需要进行进一步的探索。其次是由于合理的动力及原料等消耗参数难以进行准确的计算,需要从经济和技术等方面入手对消耗参数进行确定。比如质量的稳定性和供应的及时性等指标。最后是大规模的连续化生产所需要的动力、管理、人员、设备、原料等多方面的合理协调需要很长的探索过程,因而具有很大的不确定性(戴运华,2014)。

因此,生产因素是企业在创新项目实施时需要重视的问题,如果企业不能对生产因素进行合理准确的预测,在即将投入生产时才发现此项目无法落实,将会使之前所投入的精力、资金和时间等全都付之一炬,企业将会承受巨大的损失。这样一来,不仅企业的创新难以实现,还会导致企业的发展出现衰退,同时,企业的经济发展状况等也会面临一定的消极影响。

6.政策变动的风险

对于一个创新类企业而言,抓住市场的先机是极为重要的。假如其无法及早洞悉国家的政策走向,其研发的产品无法顺应市场的发展潮流,那么对企业自身的生产而言也是一个很大的危害。

3.6.3 降低技术创新风险的有效途径

1.关注技术研究的不确定要素

企业想要使自身的技术创新能力有所加强，使自己的科技成果向生产力转化，就要建立其相关的技术创新体系。而知识产权法的完善就可以在一定程度上使技术创新者的利益得到保障，此外还可以吸引企业加强技术投入和技术创新，来保证经济效益的增长（陆龚曙，2013）。

2.强化市场分析

怎样才能对市场的运作规律进行准确的把握，企业可以从以下两个角度入手进行分析。

首先，对市场的接受能力进行考察。市场接受能力是指市场接受某项创新产品的能力，比如说对其的接受速度和喜好程度等。由于创新产品被市场接受的速度和是否被消费者承认是对其的直接考验，因此市场接受能力对创新产品来说至关重要。高技术产品是一种全新的产品，如果顾客不能及时对产品的性能有所了解就难以对产品进行正确的判断（陈国藩，2013），那么企业也就难以对市场的容量进行准确的判断。此外，在高新技术产品推出之后还需要一定的时间来使广大的客户群体对其产生需求，而二者之间的时间差可能会使企业面临资金回收难的问题。如果创新型的产品投入市场之后不能快速被接受，那么企业的市场优势、产品的价值以及企业所获得的经济利益都会化为泡影，甚至难以收回所投入的资金和生产成本，使企业面临重大的打击。特别是现阶段某些行业中已经涌现出了致命的主导品牌，如果再研发出新型产品，将会面临难以进入市场的问题。以饮料行业为例，百事可乐和可口可乐在此行业中已经占据了大部分的份额，在此基础上其余软饮将很难被消费群体所接受。所以说创新产品想要具有竞争力，首先不能和同行业中的主导品牌有所相似。但是如果产品和主导品牌有一定类似的地方，可能会受其影响占据少量市场份额，但是这样下去并不能保证企业的长期生存。创新产品想要受到消费者的喜爱，就要在包装、宣传或者口味等方面具有自己的特色（洪涛，2009）。此外，企业还必须事先对市场接受能力进行调查再推出创新产品，因此市场调查是十分重要的。

其次，考察是否对整个行业产生消极影响。如果说某项新技术的引入导致相关行业发生混乱，或者使其行业衰退，此技术所产生的效应就是消极效应。因此，新技术向市场推广需要面临较大的风险。

3.强化风险管理意识

对于创新类企业而言,市场是瞬息万变的。对一般企业而言,其产品的更新换代速度更快,产品的盈利生命周期更短。因此,他们必须时刻保持风险意识,警示市场的变化,分析竞争对手的动向,不断地进行创新,加速自己新产品的研发。只有一直保持产品的领先,企业才能真正保持自己的优势,减小自身的风险(李阳和王祖志,2008)。

4.重视资金监管

资金是创新企业得以生存发展的原动力。任何技术的创新与投产都需要有雄厚的资金作为后盾,必须有坚实的财政基础作为支撑(马庆喜、王丽萍、张立新,2007)。一旦研发过程中资金出现问题,企业的生存和发展就会遭受极大的威胁。对于企业而言,想要避开资金方面的风险,其必须加强对于资金的监管,明确流动资金的数额,掌握公司有多少资金投入科研项目,做好公司资金规划,提升资金的使用效率。如此才能够让企业的发展没有后顾之忧。

5.强化生产管理

对创新企业实施风险管理,还需要关注其生产阶段,对其生产环节的风险给予管理。创新类企业生产方面的风险,一方面来自技术研发阶段。这是其生产活动的先期阶段,对先期阶段的管理主要是检验企业新研发项目的可行性,避免后期出现资源浪费。如果企业可以对创新型技术的阶段性成果以及其发展历程有所了解,就能使企业的工作开展更加顺利,此外,还可以避免因投入期过长而使企业蒙受损失。如果对上述信息有所了解,就可以使企业对技术的投入状况有一定的了解,从而可以在未产生成果的时候及时撤销项目。对生产的管理还有另外一个方面,那就是对其技术专利方面的管理。及时地申请专利保护,对于创新企业而言,可以有效防止其他企业对相关技术的模仿。这一点需要和知识产权相互结合。

6.做好信息管理

对于创新类企业而言,信息对于企业发展的影响也是极为关键的。在创新管理过程中,假如无法做好信息管理,公司的机要信息一旦泄露出去,被竞争对手掌握先机,那么就有可能给企业造成致命的打击。所以,企业必须针对其信息,尤其是一些新研发项目的相关信息加强管理,提升工作人员的素养,编制严格的管理制度,禁止一切有可能泄露信息的渠道,为企业的健康发展提供保障(李存斌、王恪铖,2007)。同时,企业应顺应时代潮流,重视国家政策的变动。

总之,对于创新类企业而言,因为企业和市场的特殊性,其面临的竞争更为剧烈,面对的风险更加多样。所以,企业想要健康地发展,必须对其风险实施全方位管理,明确企业发展过程中遇到的各类风险,有针对性地编制相应的发展对策(梁威、刘满凤、唐厚兴,2006)。对于企业发展的时候所遇到的威胁,对症下药,帮助企业扫清发展的障碍。只有认清风险的本质,找出化解风险的策略,才能为企业的长远发展提供充足的保障。

第四章 人才培养项目管理

上一章,我们构建了技术创新项目赶工风险管理理论模型,探讨了高科技企业规避技术赶工风险的方法。本章我们主要讨论人才培养项目赶工风险管理。首先对人才的含义、人才培养的重要性、人才培养风险管理现状等进行叙述;其次讨论了赶工风险中人才培养控制的措施;再次构建了人才培养项目赶工风险管理模型,研究人才培养项目中的赶工风险元传递问题,指出人才培养赶工引起的社会内卷问题,为人力资源部门管理决策提供理论依据;最后对人才培养项目模型进行实例分析,提出降低人才培养风险的有效途径。

4.1 人才的含义

人才作为目前社会发展一个很重要的影响因素,不仅仅影响着一个工程的进度,也会影响工程的质量。我们以人为本的理念也越来越深入人心,人才问题关系着我们的赶工风险。但是我们应该如何去定义人才,如何去培养人才,如何有效地发挥人才的作用等,是值得我们思考的问题。

关于人才的标准,一直都有很多的观点和看法。有的人认为,人才是指那些能够赚钱的人;有的人认为,人才是在当官或者在政治上有较高地位的人;也有的人认为,人才不仅仅要有一定的资产也要有较高的政治社会地位；而有的人还认为，人才是指那些博览群书、学识渊博的人；更多的人认为，人才是指在各种社会实践中，能进行创造性的劳动，具有一定专门知识、较高的技术和能力，对认识、改造自然和社会，对人类的发展和进步做出较大贡献的人。这些观点都是在揭露某一方面的特点，对人才进行了定义。而我们本章的人才，就是指具有某些知识、能力或者技术，能够对工程有推动的作用，减少赶工所造成的风险的人。

人才培养的过程采用不适合的方法和手段，会造成与我们预期的结果不一致，而培养的方法和手段的不适合，就是我们一种选择的风险，风险具有不确定性和不稳定性，加上人具有主观能动性，使得人力资本身就具备风险性，故人才培养中的风险是存在的。因此，若能以科学有效的方式进行人才培养，帮助其在项目赶工过程中掌握应对风险的能力，便能减弱因赶工所产生风险带来的负面影响。

4.2 人才培养的重要性

人才是影响人才培养项目进度的主要因素,特别是技术创新型人才。一方面,人才是产业转型中支持技术创新、推动工艺设备改革的第一生产力。另一方面,科学技术是第一生产力,而人是科学技术中关键的实践主体。在新一轮的全球产业改变和科技革命中,美国、德国、英国等西方发达国家,都会通过不同的方法方式,加大本国人力资本的投资力度,重视人才培养,甚至出台了相应的政策,吸引其他国家的人才;同时在本国实行改革,创新自己现有的教育体系,而我国目前的教育体系主要是以理论的教育为主,与实践结合比较少,也没有建立起人才培养的风险管理体制。

以我国的制造业为例,我国制造业还存在企业核心、产品等竞争力不足的问题,只有通过培养创新型的人才,才能积极有效地解决目前制造业存在的瓶颈问题。我国现在已经成为全球制造业规模最大的国家,而且该行业在推动我国经济发展方面起到了不可替代的作用,但是目前来说,我国和其他国家的制造业相比,还是存在着一定的差距的。所以"创新驱动"是我们国家向着制造业强国发展的首要基本方针。习近平总书记提出过,人才是创新的主要力量,人才驱动是创新驱动的实质。

4.3 人才培养项目赶工风险分析

风险是指完成某件事情,结果的不确定性。赶工风险就是因为加速赶工所造成的一些损失,可能是经济方面的,也可能是社会方面的。所以我们需要进行赶工风险的控制。

赶工风险控制的含义是指工程负责人采取各种措施和方法,来减少赶工风险事件发生的各种可能性,或者减少赶工风险事件发生时造成的损失。其中人才培养也是避免赶工风险的重要措施之一,人才培养的影响因素非常多。但是我们学术界中,风险管理的研究也是非常丰富,刘菊芬和张玲(2014)认为人才培养作为一种投资行为在内外环境的综合作用下存在着一定的风险。人才培养的风险分为外在风险和内在风险,在风险控制的过程中,应该对三个方面进行考虑,从内部环境、外部环境和配套设施中提出相应赶工风险控制的策略。

学术界中普遍认为风险应该得到管控,但是管控风险的策略各有其观点。人才培养风险控制管理也成为其研究的热点之一,管控好人才培养风险,能减少赶工所带来的损失,或者能够提高人才的技术技能,加速工程的进度。

4.3.1 人才培养风险管理现状分析

1. 人才培养风险管理的意识薄弱,而且针对性不强

我国的人才培养体系比其他国家发展起步晚,近年来,我国也出台了一系列政策来激励培养人才,也在慢慢地改革我国的教育体系。但是目前来说,我们对人才培养的风险管理这一块还是比较薄弱的,特别是创新型企业人才。主要表现在以下三个方面:第一个方面就是我们对于人才培养的目标认识不够清晰,我们对人才培养的投资很大,但是轻视人才培养的管理,这样就会造成人才培养的效率很低,如此,也会导致恶性循环,企业不愿意投资去培养人才。目前,大部分创新型的企业在国家政策的引导下,会享受一些优惠政策去培养人才,但是这种方式很多时候只是一种形式主义,对人才培养之后的后期跟踪或者是人才所产生的效益方面都没有实现很好的管理,这种情况下很容易造成国家资源、企业资源、社会资源的浪费,提高国家社会企业培养人才的成本。第二个方面就是我们对于人才培养的针对性并不是很强,特别是对于创新型企业人才的培养,在企业的需求与人才培养这一方面的平衡机制需要我们继续努力去建立。人才培养的内容上非常容易出现一些问题,如果学校没有了解清楚企业的需求,那么容易造成培养出来的人才和企业的发展需求并不匹配,所以我们要对企业发展的短板进行分析,也要和企业中的技术人才进行探讨,不要过度强调短板而忽略人才的现实需求,在学校的培养和企业的需求之间,要达到一个平衡。如果这两者之间不能很好得到满足,那么,学校和企业就不能形成良好的循环,如果严重的话,还会产生两者相互排斥的现象。第三个方面就是企业对于人才离职损失的评估太过乐观,低估了人才离职对企业造成的影响。因为目前人才是属于比较稀缺的,如果低估了人才离职造成的影响,那么,我们在对人才进行管理的过程中,就会处于比较被动的状态。

2.企业人才流动性比较高,缺少人才培养的保障性机制

对于学校培养出人才进入社会之后,一定程度的人才流动,对于社会来说是具有进步的意义的。但是对创新型的企业而言,技术型人才或者是核心人才的流动,会对企业造成很大影响,严重的可以导致企业运行不良,特别是那些没有做好人才储备工作的小型公司。技术型人才的离职可能会导致整个公司技术部分运行的速度变低,从而导致公司的效率降低,对一些小型公司来说,这种不良影响可能是非常致命的。所以,无论是在学校还是在企业中,都需要人才培养保障性的一个机制,因为当缺乏人才流动性约束机制时,会导致企业或学校在进行人才培养的投入之后,后期人才流动性会很强。因为中小型企业刚刚成立,很多的制度都不是很完善,对人才培养的保障性的制度是不健全的,所以,这类企业会面临着巨大的人才培养的风险。很有可能在自己公司培养的人才有了一定的技术技能之后,就会跳槽到一个有更大平台的公司。

对于人才培养这方面,首先,做好人才储备工作,对于掌握公司核心技术或者是能力的人才要及早储备。但是中小型的企业发展受限于其经济能力,他们会着重于眼前的发展,比较缺乏考虑长远的计划,因此会比较欠缺战略管理这一方面,就会忽略人才储备队伍的建立。其次,在人才培养过程中,没有将人才的隐性知识显性化备份下来,导致企业失去核心人才之后,会造成一个比较高的人才培养的成本。新一轮人才培养不仅会造成经济上的损失,也会在时间上增加成本。最后,因为人才流动的成本比较低,会造成人才流动的随便性,让很多企业最后会面临人财两空的情况。

3.人才培养管理的机制落后,人才流动的预警机制功能弱

当前,我们的人才管理机制是比较落后的,人才发展的需求等特性没有得到满足,也没有建立起人才流动的预警机制。如果企业不够重视人才的需求,就没有办法建立人才流动的预警机制,或者建立了预警机制,没有起到其应该起到的作用。在这种情况下,我们就没有办法明确把握人才工作的意向,进而使人才的流动性增加,人才流动的风险指数上升。人才流动预警机制是遵循风险信息的采集、风险预警指标库建立、风险评估及预警警报四个流程(徐茜、岳雷、姜道奎,2015)。而目前企业中的人才管理机制,不能为人才管理流动机制提供一个很好的运行环境,一方面是因为了解人才意向存在困难,另一个方面是目前学术界对人才流动预警机制的研究比较少,很难确定人才在流动之前的预警指标。目前预警指标的科学性正在研究中,所以我们缺少了一定的预警导向。

由于目前人才流动预警机制功能不够完善,就需要我们加强人力资源部门的管理。人力资源部门应及时发现人员流动的意向,从而减少人员的流动性,储备出自己强大的人才队伍。

4.风险评估系统动力不足,人才培养投入的决策不科学

人才培养的风险评估是一个很复杂的工程,它包括风险指标的设计、风险信息的采集、风险评估的执行、风险评估结果输出以及风险警报机制启动。第一,对于人才培养投入风险评估的指标少之又少,没有一个比较科学的指标作为导向,对人才培养投入风险这方面的控制非常的不足。第二,企业内部风险信息采集困难,一方面因为信息采集是比较低效率的问题;另一方面企业内部人力资源部门、部门的负责人可能对人才流失风险信息采集的重视不够,缺乏执行力。第三,风险评估的执行直接关系到人才培养风险评估,在执行过程中的效率高低是人才培养风险有效性的关键。因为当前的技术不够成熟,也缺乏风险评估机制,我们目前所做的人才风险评估都过于粗糙,缺少一些细节性的评估或者是专有指标的评估,导致人才流失风险的精确度比较低。由于风险评估系统的动力不足、运行不流畅,导致不能够及时地发现人才流失的意向,从而导致企业人才培养投入风险性高。企业人才培养投入风险性高,一方面是缘于人才流动,另一方面是缘于企业的无效人才流动风险管理机制。

5.人才培养的内容比较单一,缺乏企业文化和道德建设

目前,很多人才培养的内容仅仅是由学校规定,没有和企业之间进行深度的合作。一个完善的人才培养模块,不仅仅需要学校的努力,也需要来自企业的技术支持。人才单单有技术方面还是不够的,要形成人才对企业价值文化的认同,才能使该人才在企业长期发展。

目前,人才培养内容主要聚焦于技术需求,侧重单学科的发展,培养人才单方面的能力,往往会忽视对人才文化与道德方面的培养。有相关研究学者的研究表明,人才对企业的期望与承诺,也是一种非常重要的管理实践功能。范冬清(2015)提出人才对企业的组织文化和道德方面的认同会加强人才在该企业的归属感,降低人才的流动性。这个方面的培养也是人才培养风险控制中一个重要的方式,每个人追求的东西不一样,有些人才会倾向于寻找到感情的归属,所以注重企业文化和道德方面的建设也是非常重要的。

4.3.2 赶工风险中人才培养控制的措施

人才培养项目赶工风险的影响因素有很多,比如说睡眠、健康等,以下我们采用风险元这一定义进行研究。风险并不是在每个阶段都是一样的,它会随着环境而变化。不同时间段、不同环境都会导致赶工风险中的风险元发生变化。所以,对一些风险元影响所导致的后果概率比较小的情况,我们是可以忽略不计的。本章主要研究影响工程进度风险比较大的概率因素。风险元体系中主要包括以下几种风险:技术本身的风险、市场隐藏的风险、管理过程的风险、资金存在的风险、生产方面的风险、政府政策方面的风险。通过对这一理论和线性回归模型分析的结合,我们认为睡眠这一因素,对赶工风险具有非常重要的作用,无论是学生还是工人,只有得到充足的睡眠,才能有精力去面对学习和工作,达到高效率的学习和工作。睡眠时间比较长,会跟工程的完成度成正向关系。

所以从个人方面来说,要保持身体的健康,个人身体健康有利于工程进度的完成。

1.强化企业内外环境监测力度,做好人才培养投入规划工作

学校是为社会培养人才的地方,不能仅仅依靠学校的力量进行人才的培养,要做到产教融合,校企合作。首先要通过对企业内外环境的监测,了解企业未来发展的方向。通过内外环境的监测,我们可以了解企业所面临环境中的机会与威胁、优势与劣势这四个方面。根据这四个方面的分析,能够预测到该行业未来的发展方向,从而从科学的角度去规划人才培养

的方向,降低人才培养风险。如果没有足够地了解企业未来发展的方向,则会造成人才培养资源的浪费,提高人才培养的成本。所以,为了降低人才培养的投入风险,我们需要做好战略性的工作。首先,企业和学校要高度地关注国家政策,以国家的政策为导向,寻求企业发展和学校培养人才的方向。也要加强与外部组织的交流合作,通过与外部组织之间的交流合作可以拓展自己的发展空间,提升自己,监测内外部环境变化情况。其次,企业内部要有一套高效的信息传达系统,不仅要有自上而下的信息传达通道,也要有自下而上的信息传达通道,在传达的过程中,也要避免信息失真。遇到紧急情况可减少中间传达的环节,保证信息的真实性,从而有效监测企业内外部环境的变化。最后,为了促进监测企业内外部环境变化的科学性,我们应该充分地利用现有的信息处理技术,比如组建自己企业内部专门的专家团队来进行判断,提供多套的方案,选择最优的方案。大部分决策只是选择最满意的方案,而不是最优的方案。因为最优的方案绝大多数情况下是比较难选择出来的,内外部环境监测出来的变化信息,将有利于我们提高企业人才培养投入规划的科学性,也降低了我们人才培养的风险性。

2.树立自己的企业文化

企业文化是指企业成长过程中,所形成员工共同认同的观念和优秀传统。优秀的企业文化会促使个人和团队共同进步,而不好的企业文化则会阻碍企业的发展进步。企业文化也会要求员工爱岗敬业,爱自己的企业。加强企业文化的宣传,有助于留住人才。让人才在企业中获得归属感,可以降低人才的流动性,也降低了人才培养的风险性。

企业文化是企业的灵魂,推动企业进步。我们不能忽视对企业文化的培养,这也是人才培养风险控制的一个方法。

3.疏通人才培养需求反馈的渠道,提高培养模块选择的科学性

从第一点中我们可以知道,我们要加强人才培养的规划,但是我们也要在学校和企业之间做好一个反馈的体系,人才培养投入规划仅仅是一个开始,学校培养的人才到企业实际工作之后,要把工作的适应性等信息反馈给学校,形成一个良性的循环。学校可以根据企业对人才培养需求的反馈,为企业更好培养人才。

人才培养不能仅仅局限在某一模块中,就像传统的教育模式,人才培养在于提高其技术技能,因此要提高培养模块选择的科学性。因为人才培养模块的先后排序会直接影响企业市场

竞争空间的提升速度,因此,人才培养模块选择的科学性是非常重要的,而这一重要的选择又取决于人才培养需求反馈这一块。只有在了解当前发展的难题后,才有可能科学选择人才培养资源的投入,知己知彼,百战不殆。所以目前我们应该建立人才培养的反馈机制,了解当前人才培养日常工作的问题与需求,有利于我们合理地规划出人才培养的模块以供选择,降低人才培养的风险,提高人才培养的成效,同时也可以为人才培养的效果提供保障。

4.完善人才流动预警运营机制

完善的人才流动预警机制是非常重要的,它能够提醒我们哪些人才是有流动的意向,而有利于我们提前采取措施,挽留人才或者做好人才储备工作。人才流动预警机制是企业培养人才中一个控制风险的方法。人才流动预警机制的正常运行,可以影响企业人才培养投入的科学性。但目前人才流动预警机制是不完善的,机制的运行需要多方面的配合与支持。特别是人才流动预警机制工作队伍的精良程度。负责人才流动工作的队伍,必须要有很强的信息采集能力、心理的认知能力,对企业文化认知深入、熟悉企业的工作流程、了解企业复杂的人际网络关系等。

5.培养人才要面向实践,培养创新和应对复杂工作情景的能力

人才培养是一个很复杂的过程,我们采用"学习工厂"这个教学模式进行人才的培养,同时,这个模式也告诉我们,培养人才要面对实践,在实践中学习理论知识。非常重要的一点就是在培养过程中,要培养人才的创新能力和应对复杂工作情景的能力。人才掌握了这两种能力,才能在未来工作的过程中适应时代潮流的变化。

使人才学会主动学习、主动思考,跟上时代的脚步,不被时代所淘汰。这种方式可以保留人才的数量,从而达到人才培养风险的控制。

6.推进人才与企业价值同步升级,提升双方认可度与忠诚度

企业人才培养投入取得成效之后,要实现人才与企业价值升级的同步进行,即提升企业和人才双方的认可度。这种认可度表现为提升企业对人才需求的满足度及人才对企业的忠诚度与组织承诺。这里我们强调企业对人才需求的满足度,企业可依据人才培养投入成效实行股权激励机制、企业福利有限选择机制等。

4.4 人才培养项目赶工风险管理模型的构建

根据目前的研究,每个国家都有其培养人才的方式。目前德国"学习工厂"中"产教"融合的学习方式可以解决人才培养方面的一些缺陷。

4.4.1 "学习工厂"的定义

"学习工厂"目前是工业4.0时代技能人才培养的一种模式,经历了萌芽、浪潮和国际化三个主要阶段。德国最先把这种方法的教育模式迁移到职业教育中,成为人才培养的一个新的方式方法。"学习工厂"是顺应时代需要的一种人才培养的理念,这种教育"4.0"呈现出真实的生产化的教学环境,使得理念和实践相结合,具有以高阶思维能力为培养目的以及新兴技术结合的特点。德国的"学习工厂"不仅仅是产教融合的需要,也是其载体,具有多种多样的特点;而且也成功地将实践理论知识转化为具体教学的内容,这是德国教育实践的智慧结晶,也是形成"产教"融合的优秀经验,值得其他国家引进学习。

根据院校的培养目的不一,我们可以以"学习工厂4.0"为基础来加以改进。不仅仅是针对职业院校的学生进行培训,也可以将大专、本科、研究生等作为对象进行研究。

4.4.2 "学习工厂"的萌芽

"学习工厂"的这个概念源于"教学医院",因为医学院是仿照医院中真实的环境给学生进行实践的,学生通过对真实环境的实践和观察,非常有效地提高了自身的实践能力,也有效地提高了自身的医学素养。所以"学习工厂"吸收了这个模式,把它引入工业人才的培养方式中,也把企业中的特定工程项目搬进了学校,提供真实的实践环境,培养适合该企业工作的人才。企业的技术人员和学校的老师会共同给学生提供指导,学生在实践中学习,在学习中实践,并为企业的发展问题提供自己的解决方案。

"学习工厂"的发展可以分为两个方面:从形态方面来说,是从实体工厂环境向数字化学习环境的转变;从功能方面来说,则是从开始侧重于工厂项目设计向人才培养与项目设计的融合转化。早期的"学习工厂"是以真实的工作过程的学习环境为基础的,学习的人通过在真实实践中参与工业生产的方式来进行学习。作为"学习工厂"的典型例子(Abele,2016),美国的加州理工学院在硬件方面配备了最先进的生产设备,可以提供高效运转的工厂环境;而软件的通信和决策功能则是由数字技术提供的。这个"学习工厂"作为学习的校园,将先进的教育技术、经过实践验证的课程、讲座以及先进的加工企业完美地融合在一起(Alptekin et al.,2001)。

4.4.3 "学习工厂"人才培养的方法

1.以学习为重心,培养学生的实践能力

在中国传统的教学模式中,主要是对理论知识的学习,对实践方面的重视度不够,缺乏实践的系统。我们的人才培养要借鉴德国的"学习工厂",要把产教结合融入实际之中,形成系统的实践智慧。

"学习工厂"的"产教"融合是指在形式上教育系统和产业系统上的结合,在过程中是学校、企业、产业三个方面共同培养人才、了解人才和使用人才。工厂技术人才是这个方式中产教结合的关键点,而学校和企业合作、"产教"融合的焦点则是工程的实践能力。德国的"学习工厂"是以学生的学习为自己发展的重心,关注学生的学习能力和实践能力,是德国"学习工厂"取得成功的一个方面,也是我们在人才培养的过程中需要注意的一个方面。人才培养重要的不仅仅是过程,还有人才的产出结果,所以在人才培养的过程中,要以学生的学习为重点,提高学生的实践能力,确实帮助学生掌握技术技能。

首先,以服务学生的学习为目标,让人才培养创造一个新的学习平台。德国的"学习工厂"整合了企业和学校中的学习资源,创造了"产教"结合为一体的学习方式,为学生提供生产、教学、学习一体化的环节,使学生将学习到的理论知识运用到实践之中。

其次,以工程实践知识学习为核心,创新工程实践知识的建构机制。德国"学习工厂"是比较强调实践和基于问题学习的,一般是通过融合校企双向资源实现教育在设计、制造和产品等过程中的衔接,将理论知识与加工、设计、生产等实践技能整合起来,而这并不能通过对工业生产型工厂的简单复制而实现。进而,不仅为学习者提供了真实的工程实践环境,而且通过融合校企双向资源实现了教育在工程过程中的衔接。在这个过程中,老师的作用也很重要,要做到正确的引导作用,让学生有效地提高技术技能。

最后,以培养职业能力为宗旨,发展一套培养工程技术人才的方法论。德国"学习工厂"以职业能力培养为目标,在传统的学习模式、教学模式的基础上,注入企业需求,从而衍生出新的学习模式。以行为主义为引领,通过"干中学"的方式,将工程实践贯穿于整个学习过程,实现技术、生产、教学要素的系统整合,发展一套培养和提升学习者实践能力的系统方法。

2. 要顺应时代的需要,培养适合时代所需要的创新型高技能人才

随着社会的进步,技术技能都在加速进步,而体现在我们的工作中,更需要我们的人才跟上时代科技的发展。以人工智能为代表的新技术正在不断地进步发展,随着人工智能的发展,我们会淘汰掉不适合时代发展的职业,但是又可能没有足够新鲜的血液注入,人才培养跟不上,就容易造成赶工风险。为了避免这种赶工的风险,我们劳动者的能力结构就需要不断更新,以适应时代的发展。在21世纪的大背景下,劳动者要顺应时代的需要,把自己培养成为技能型人才,不断学习未来工作和生活所需的技能。而人才培养的"学习工厂"也要与时俱进,强调培养人才要顺应时代的潮流,培养出面向未来社会发展和未来产业的人才。

这也告诉我们"学习工厂"中有三个重要的原则:

第一点就是要把课程的设计做到与时俱进,教会学生要学会自己主动去思考和学习,授人以鱼不如授人以渔,只有学生掌握了学习的方法,养成了学习的好习惯,才能在未来的生活中做到和时代共同进步。课程要从传统的模式转变为项目式的教学上来,把创新创业这门课程的教育融入课程的内容中。现在是"大众创新、万众创业"的时代,创新是一个企业生存与发展的主要依据。对于一个企业来说,创新可以包括很多方面:技术创新、思想创新、产品创新、制度创新等。

第二点就是要丰富学校老师的教学方法,提高学生的学习效果。目前老师的教学方法并不像以前那么单一了,现在的教学方法随着技术的进步也越来越多样化了。运用先进的数字技术,进行情景的学习,打造跨界融合学习空间,实现知识的双向交流、扩大学生的视野范围,来激发学生的学习兴趣。兴趣是最好的老师,让兴趣引导学生的学习,以此来提高学生的学习效果。

第三点是要助力学生的职业规划。职业规划对一个学生来说是非常重要的,不仅仅是帮助学生树立好奋斗的目标,也由于"学习工厂"这个方式的推行,只有知道学生的奋斗方向,才更加有利于把学生培养成技能型人才。帮助学生做好职业规划,也是为了可以更好根据个人的志向,培养适应产业升级和社会发展的高技能的人才。

根据上面的原则,目前人才培养要把重点放在一些前沿的行业或者一些支柱性的行业,比如机器人、医生、商业模式、IT等学科。可见,"学习工厂"是具有与时俱进的特性的,不仅是对以前人才培养方式的反思,也更加强调适应未来,回归到实践之中,通过真实的实践环境,来提高学生的实践技能,进而加强学生的理论知识。实践是检验真理的唯一标准,所以我们要在教育中加入"实践"这个环节,不能让人才培养离开了"土地"。

3. 培养复杂的思维

在人才培养的过程中,也要考虑培养人才的思维,培养适应复杂环境和主动学习思考的复合型高技能的人才。

"学习工厂"不仅仅是让学生实现"产教"融合。在目前工业4.0的环境下,产品的设计也变得复杂和极具创新,需要高技术的人才来进行操作。如果公司缺少高技术的人才或者经验丰富的工程师等,而新入职的员工缺乏处理这些复杂性问题的能力,那么就会造成工期的延误,需要进行赶工,那么就有赶工风险。为了避免赶工风险,我们就需要改善我们的教学思维,在人才培养的过程,也要考虑培养人才的思维。之前传统的课程设计和实际的运用方式是脱节的,学校只是围绕这一些模板化的东西来设计课程,每个课程只是涉及某个过程的某个部分,或者是整体复杂性的一个环节。模板化课程不考虑实际情况中的不可与创新,而是将实际情况假定为理想化的、不现实的条件(Salah et al.,2019)。因此,"学习工厂"问题的关键在于我们在教学的过程中,如何更加有效地设计课程,将分散的模板加以融合,给学生们呈现出真实实践中会出现的问题和如何解决的方案。

"学习工厂"通过上述方式,去整合各个板块的知识,把知识整体化,追求产业知识的系统性和能力培养的深度化,这样会使学生的技能提高,进而能够适应复杂的生产环境。第一,"学习工厂"这个人才培养方式,强调的是知识的系统性,并非知识的碎片化。"学习工厂"构建了"研究生产知识、教育传播知识、创新应用知识"的跨学科"知识三角",实现产学研用有机整合,重构多学科知识实现跨学科知识融合,拓展学生视野与思维,开发未来工作所需的复杂思维能力。比起我们倾向于关注学生某一方式的知识深度,"学习工厂"这种方式更加关注学生往多方向发展。学习多学科的知识,使学生可以从更高的一个层次去看待问题、解决问题。如果工程因为技术或者是一些非自然因素的干扰,而造成工程延期,那么就需要有人从更整体的方面去看问题,采取更加完善的策略去思考解决问题。第二,"学习工厂"不像现在的理论知识学习,只知道学习理论知识、原理的验证,而不追求深度能力的培养人才。这个方面包括两点很重要的含义：第一个含义是这里所说的能力培养，不是说像工厂的车间那样单纯的实践操作，而是培养人才的实践能力和思维能力两个方面的有机结合。第二个含义是"学习工厂"之所以强调"产教"结合，是因为只有真实的实践环境，才是实践能力和思维能力两个方面有机结合的途径。所以在教学活动中，要尽可能创造出真实的实践环境和运用先进的技术进行辅助，来代替传统的原理验证型的教学活动，让学生"产教"融合、校企合作，让学生在实践中把理论知识转化为实践知识，使隐性的知识变得显性化。

4.以学校和企业为主，多个利益相关者共同参与教育

"学习工厂"的特色就是"产教"融合，而"产教"融合就是学习和企业资源的高度整合利用，那么必须由学校和企业双方的力量来相互配合和进行教育。德国的"学习工厂"就是生产和教育培训融合的产物，在"学习工厂"中，学校、企业、学生形成了一个相互关联、相互促进的格局。但是并不是单单企业和学校的力量，就可以实现的，为了更好实现产教融合，我们要团结可团结的力量，打造好"产教"融合的基地，吸引各种利益相关者来相互参与。"学习工厂"的设计就是采用了"工程知识学习和工业生产学习"这两个方面相互结合的组织结构，不仅仅包含着企业对人才培养的需要，也顾及了学校实际的教学需求，多元利益相关者的参与，会让"产教"融合更加的深入。

利益相关者是指在某些生产生活活动中进行一定的投资，并且为之承担一定风险的个人或者群体，他们可以影响这些活动的目标，也会受到这些活动目标的影响。利益相关者由于所拥有的资源不同，对企业也会产生不同的影响。利益相关者可分为以下三类：(1)与公司有经济往来的相关群体，如员工、债权人、内部服务机构、雇员、消费者、供应商、竞争者、地方社区、管理机构等称为经济依赖性利益相关者；(2)持有公司股票的一类人，如董事会成员、经理人员等，称为所有权利益相关者；(3)与公司在社会利益上有关系的利益相关者，如政府机关、媒体以及特殊群体，称为社会利益相关者。

以学校和企业为主，多个利益相关者共同参与教育，在具体的实施上来说，一方面要由学校的教学老师和企业的技术指导老师共同研究分析，并开展企业所需人才的画像分析，选取企业所有人才画像的需求，选定培养的任务、确定培养内容。另一方面，在人才培养的过程中，除了学校的教学老师，企业的技术指导老师要以人才的需求方向来培养学生，也要通过在实践活动中和学生保持紧密的联系。

在德国"学习工厂"的经验中，一方面它实现了教育系统和产业系统的要素与人员的

有机结合；另一方面也实现了企业的工程知识和学生的学习、实践的情景和学习理论的情景、学生个人经验和学习知识的融合，工程实践文化和学校中的教学文化、学生学习的文化相互结合。

"产教"融合和工程教育都是多个利益相关者共同参与教育的实践活动。然而，目前中国人才培养的体系中，缺少企业的参与，都是由各类学校起着主要的承担任务，把人才培养好再输送到企业中，这种缺乏"产教"融合的单轨道机制，导致在人才培养的过程中呈现出"学校一头热企业一头冷"的状态，特别是学校对于工程教育的培养方案，是由学校来制订，没有企业的参与，没有深入考虑企业的需求。

在人才培养的过程中，学校的教学离不开与企业的合作，也离不开多个利益相关者共同参与。我们要借鉴德国的经验，中国的教育中要学习"产教"融合，不仅仅要继续加强学校和企业的合作，也要多个利益相关者共同参与。

一方面加强学校和企业的合作。新时代"学习工厂"的教育，不仅仅局限于工厂的教育，还可以扩大到本专科的教育上。高校要顺应时代的潮流，跟紧技术创新的脚步，保持了解企业对人才的需求、保持教学技术的更新和设施设备的升级，与企业的高技术人才或者领军人才建立联系，关注前沿的技术。具体的措施可以由学校的教学老师和企业的人才技术技能培训老师共同商量来决定人才培养的方案，把企业中新的技术设备、新的制度、新的标准、新的工艺等新知识，加入学校的培养计划中，使人才培养的结果更加适应于企业的发展需要。建立起从"产品计划—生产发展—产品设计—模型制造—正式投产—运用与服务—回收"全过程吸收"产教"融合的教育内容，革新我们中国的教育方式，做到情景交融、实践和理论相结合，使学生在实践的过程中更好地掌握企业所需的技术技能。

另一方面，就是要多个利益相关者共同参与。这样不仅仅有企业的参与人才培养，而且也可以形成多元化合作的"产教"融合的组织，校企合作，是产教融合中一个很重要的方式，可以联系来组织与组织之间的关系；但是仅仅校企合作，效果并不能达到最优，"产教"融合还需要我们关注多元化的利益相关者，形成"产教"融合的命运共同体。在校企合作的同时，也要得到政府和社会等方面的支持和帮忙，整合多方面的力量，共同参与人才培养，形成人才培养"学校、企业、政府、社会"中的良性循环，在培养人才的过程中促进社会发展。

4.4.4 "学习工厂"的课程设计

"学习工厂"的课程设计打破了原来课程设计的格局,新的"学习工厂"课程结构设计更新,强调纵向贯通、横向交叉与行动导向,打破了教育世界与工作世界、学科专业之间的界限,注重真实生产情景的非结构化,增强了学习效果。

1. 纵向贯通:不断深化,课程项目贯穿于整个产品的创造过程

"学习工厂"的课程穿插在人才培养的全部过程中,结合生产实际制作的过程,学习工厂开发了基于产品创造的过程(Product Creation Process,PCP)的课程设计,学生的学习过程就是产品创造的过程,如表4-1所示。

表4-1 基于产品创造过程的学习工厂的课程特点

WA 主要目的	教育		职业训练		研究
学习工厂的作用	研究的客体		研究的促进者		
过程类型	批量生产	系列化生产	小批量生产	一次性生产	大规模定制生产
自动化程度	手工		半自动化生产		完全自动化生产
IT整合	CAD	CAE	CAM	VR	AR
制造过程	初级塑造	成型加工	切割	接合 涂层	改变材料性质
能力分类	技术和方法		社会和交往	个性化	面向现实
自我管理程度	被指导		自我指导/自我调整		自我决策/自我规划
教师的角色	控制者	主导者	教练	指导者	激励者
指导的类型	授课、辅导	实验操作	讨论、研讨	工厂实习	项目、专题
参与者的数量	1~5	5~10	10~15	≥15	
学习时间(天)	1~2	7	14	28	一学期
设备使用率	≤10%	10%~20%	21%~50%	51%~75%	76%~100%

资料来源:(Gräßler et al., 2016)。

由表4-1可以看出,学生可以通过直接参与产品的生产创造过程中,在真实的实践情景中,去学习知识和技能。在实践的过程中,学生的学习不单单局限于书本理论,而是深入实践,从学习单纯的技术和方法,到学习社会交往能力,再到学习个性化能力。在这个基础上,学生就会学到综合的知识,形成自己的复杂现实的综合能力。一方面,从"学习工厂"课程的内容来说,"学习工厂"是一个阶梯式的学习,不是让学生一步登天,而是循序渐进的学习方法,学习的理论知识和实践知识都是由简单到复杂,一级一级增加难度。这种办法也符合学生的学习规律,更能让学生慢慢适应复杂的综合知识体系,形成自己的复杂思维,在未来的学习、生活和工作中都能主动地思考。另一方面,"学习工厂"课程的教学老师,也不是和以前一样作为讲授的主体,而是从课堂的主导者和控制者慢慢向作为学生的激励者和指导者变化。现在传统的课堂模式,学生依赖老师去讲授新的知识和技能,这种方式对学生的长远发展存在不利的影响。我们要让学生慢慢地去适应不依赖老师,学会对自我进行指导和调整,达到可以对自己所学的知识进行自我规划、自我决策、自我学习。教学老师的教学方式也需要得到改进,从传统的授课方式向实验实践操作、小组讨论,再到实际工厂转变,也要进行专题和项目研讨。

同样,随着学习的深入,也必然会增加学习时长。学习时长会随着实践内容的增加而增加,学生参与的社会实践类型也会增加,生产设备的使用率也会提高。

2.横向交叉:课程设计中非常强调"产教"融合和多学科交叉

"学习工厂"课程有一个特点就是,它不像现在的传统教学,倾向于单一的学科,而是多学科的交叉融合。"学习工厂"课程一般有两个方向:第一个方向倾向于以知识训练为主要的学习模式,与传统的教学模式类似;第二个方向是以问题作为学习的导向。

第一个方向比较注重学生逻辑思维能力和理论知识的学习,而第二个方向比较注重对知识的理解和转化。前者是学习理论知识,后者是强调实践的技能能力和解决实践问题的能力。很明显,"学习工厂"课程的设计是第二个方向的偏多,"学习工厂"课程从传统的只涉及工程科学技术或者是技术专题转向多学科产教结合的"学习工厂"课程,这样有利于学生去理解培养整合知识的能力,去了解生产系统的多变性和复杂性。有利于加强学生在分析、综合和评估一些赶工中所遇到的复杂问题时的技能,为学生之后的工作提供一些经验和案例。

课程设计是需要多方面共同合作完成的,其主要的方面是由学校的教学老师和企业技术专家来完成的。"学习工厂"课程吸收了前沿的科学研究成果和企业的实践知识,将科研与实践内容共同融入"学习工厂"课程中,丰富教学内容。"学习工厂"课程是多学科性的,可以将工程领域中的机械、材料和电子等知识和成果与经济、生物、人文、信息等知识多方面相互融合,现在也要紧跟政策、时代的变化,去关注智能的制造、低碳生活、绿色和高效等方面。

"学习工厂"课程不能停下升级的脚步,也要紧跟时代的变化。所以"学习工厂"课程教学方法的设计强调基于网络和系统,培养学生的协作意识、环保意识、个人素养和终身的学习理念。在这个课程中可以使学生去吸收比较多的实践经验,从而更加有效地提高学生的技能,等学成之后,能更好地去企业工作,为企业创造价值。

3. 以行动作为导向:运用真实的情境,注重生产实践的非结构化

"学习工厂"课程是以行动作为导向的一种教学方法,它是以工作经验和问题启发式的学习模式为基础的,而且学生学习的重点在于直接进行实践,直接面向行业与应用。通过让学生在完整生产过程中学习,使学生在实践中学习、在学习中实践,培养出自主思考、批判性思考、自主解决问题和团队协作,最终达到形成复杂性思维去理解生产系统的复杂性,不断地更新自己的知识,掌握多学科知识,提高自己技能的目的。

"学习工厂"的课程主要是通过学习与工作之间的相互配合,来促进学生知识和技能的发展。整合学习与工作主要通过以下的方式实现。首先,我们要通过对企业所需要的能力进行分析,了解学生应该具备什么样的技能?其次,教师要根据企业的需求来选择合适的教学方法。主要包括两方面,一方面是"在工作中的学习",要允许学生在现实的条件下,在模拟的实际工业生产环境中,直接实践学习。这种创建的真实实践情境,更容易让学生发现自己的兴趣和爱好,更加容易发现自己的不足之处;同时能让老师去发现学生的特长,做到因材施教,让学生根据自己的特长进行实践。创建真实情境,也有利于个体在真实的工作环境中构建自己对未来职业的规划,发展自己的实际职业能力。同时,真实的工作环境使学生能够更快熟悉生产和制造的完整流程,缩短了从学校到工厂的适应期,为企业带来收益。

另外,以学习与研究工作作为基础,借助目前先进的科学技术和教育技术,以及经过实验检验的教学课程或者讲座,或者是在网络上的学习,能够帮助我们提高理论学习的有效性,而使理论学习不仅仅局限在教学老师的授课上。学习过程和工作过程有机融合,有利于我们克服学习理论与实践不结合的弊端,解决学习的过程中学生学习兴趣比较低的问题。

4.5 人才培养项目模型实例分析

在当今的中国社会,大多数人都在追寻成功,想通过一定的方式和手段提高自己的价值,把自己从一个普通人变成人才。不仅如此,为人父母的成年人通常也希望将自己的孩子培养成有用之才。可是他们在追寻成功的过程中可能急于求成而选择不恰当的方法和手段,造成最终结果和预期目标之间产生偏差。而这种不正确或者不适合的方法就构成了人才培养过程中的风险。风险具有未知性和不确定性,而人才培养过程中,人这个主体又是不确定性的主要来源,因此人才培养过程中风险的发生就更加难以确定。

迄今为止,众多学者对风险的研究成果已经在很大程度上对帮助一个事物规避风险,更好地达到预期目标起到了很好的作用。在已有的研究成果中,较多地通过使用定性的方法描述出影响一个事物多种可能的风险因素,并分析这些可能存在的风险因素对实现既定目标将会带来的影响,然后提出一定的方法帮助人们解决这些可能产生的不良影响。但是在使用量化模型对人成才可能存在的风险这方面的相关研究有限。因此,本书选择培养人才这一项目作为主要研究对象,通过量化风险传递模型描述人才培养过程中各个风险因素之间的关系,并最终通过运用该模型对实例进行分析,从而提高人们自身或者培养者对成才项目中赶工风险因素的认识水平。本研究将以此为背景展开讨论和研究。

4.5.1 研究背景

在国内,对于广义项目的风险研究主要使用的是风险辨识、风险估计和风险评价等分析方法,而在 2005 年,华北电力大学的李存斌教授首次提出了风险元传递理论,这对于现存的广义项目风险研究来说是一个全新的思路和途径。同年申报了国家自然科学基金项目"广义项目风险元传递理论模型及其应用"并获得批准。在三年的研究期限内,李存斌教授带领研究团队发表了风险元传递方面的学术论文 35 篇,并开发了一套项目风险元的传递理论与应用方面的软件系统。但是目前的风险元传递理论的研究主要集中在经济评价项目、社会评价项目、综合评价项目、网络计划项目(李存斌、刘赟奇、李书科,2015;李鹏、李存斌、胡金辉,2014;陆龚曙,2013;李存斌、陆龚曙,2012)。

而关于人才培养项目的研究主要集中在企业人力资源方面,企业的本质就是追逐利润,所以相对应的风险是针对企业对于人才培养的投入回报比例(酉媛媛,2014)。但是针对个人层面的人才培养项目分析的文献较少出现。

针对目前国内外对于人才培养项目中风险元研究的缺乏,而人才培养项目又是当今社会比较热门的话题的现状,选择运用国内成熟的风险元传递模型分析方法作为理论基础,同时使用数理模型量化分析赶工风险元对于人才培养项目最终结果的影响。

4.5.2 赶工风险元传递相关理论

4.5.2.1 风险元的定义

根据项目风险的分类和不确定信息的类型将风险元主要分为四种类型:随机风险元、模糊风险元、灰色风险元和未确知风险元。

(1)随机风险元:设 x 为风险元,S 为非空集合,U 为"x 在 S 中",A 为"x 在 S 中",且 x 是"$e \in S$ 的可能性为 $p_e(0 \leqslant pe \leqslant 1)$",显然,$A \in U$,如果 $\sum p_e = 1$,那么 A 称为随机信息。如果 A 中的信息在实际中代表各种风险信息,则 x 称为随机风险元。

(2)模糊风险元:设 x 为风险元,S 为非空集合,U 为"x 在 S 中",A 为"x 在 S 中",且 x 是"$e \in S$ 的隶属度为 $p_e(0 \leqslant pe \leqslant 1)$",显然,$A \in U$,那么 A 称为模糊信息。如果 $\mu(e) = p_e, e \in S$,则以映射 μ 为隶属函数确定的论域 S 上的模糊子集恰好是模糊信息 A 的数学表现。如果 A 中的信息在实际中代表各种风险信息,则 x 称为模糊风险元。

(3)灰色风险元:设 x 为风险元,S 为非空集合,$S' \in S$,U 为"x 在 S 中",A 为"x 在 S' 中",显然 $A \in U$,那么 A 称为灰信息。令:

$$\overline{\mu}(x) = \begin{cases} 1, x \in S' \\ 0, x \notin S' and x \in S^- \end{cases} \quad \underline{\mu}(x) \equiv 0, x \in S \quad (4-1)$$

则以 $\overline{\mu}(x)$ 和 $\underline{\mu}(x)$ 为上下隶属函数确定的论域 S 上的灰子集 A 刚好是灰信息 A 的数学表现。如果 A 中的信息在实际中代表各种风险信息,则 x 称为灰色风险元。

根据未确知数的基本定义,给出如下未确知风险元函数 $F(x)$ 的定义和条件,其中 $x\in [a,b]$ 代表风险元。

(4)未确知风险元:对于区间数 $[a,b]$,若风险元函数 $F(x)$ 满足条件:

$F(x)$ 是 $(-\infty,+\infty)$ 上定义的不减右连续函数;

$0\leqslant F(x)\leqslant 1$;

当 $x<a$ 时,$F(x)=0$;当 $x>b$ 时 $F(x)=F(b)\leqslant 1$。

则说 $[a,b]$ 和 $F(x)$ 构成一个未确知风险元,记作 $\{[a,b],F(x)\}$。$[a,b]$ 叫作未确知风险元的分布区间,$F(x)$ 叫作未确知风险元的分布函数。$F(x)$ 为该未确知数的主观可信度分布函数,总可信度为1,即 $F(x)$ 满足归一化条件。其直观意义是风险元 x_0 落在区间 $(-\infty,x]$ 上的主观可信度,而风险元 x_0 落在区间 $(x_i,x_j]$ 上的可信度为 $F(x_i)-F(x_j)$。

4.5.2.2 风险元传递理论的数学基础

当风险元具有随机变化特征时(即随机风险元),则可以利用概率论中随机变量的相关理论对风险元的传递进行相关的分析和计算。而依照概率论的知识,又可将风险元分为离散型风险元和连续性风险元两种。随机风险元的数字特征:

(1)数学期望(均值)。数学期望反映了随机风险元变化的分布中心。离散型风险元 X 的数学期望 $E(X)=\sum_{k=1}^{\infty}x_k p_k$。对于数学期望,有以下4条性质:

- 设 C 为常数,则有 $E(C)=C$。
- 设 X 为一个风险元,C 为常数,则有 $E(CX)=CE(X)$。
- 设 X 和 Y 为两个风险元,则有 $E(X+Y)=E(X)+E(Y)$。
- 若 X 和 Y 为两个相互独立的风险元,则有 $E(XY)=E(X)E(Y)$。

(2)方差。若 X 为一个随机风险元,若存在 $D(X)=Var(X)=E\{[X-E(X)]2\}$,则称 $D(X)$ 为 X 的方差。当离散型随机风险元 X 有概率函数 p_k 时,其方差为:$D(X)=\sum_{k=1}^{\infty}[x_k-E(X)]^2 p_k$。

4.5.2.3 赶工风险元的定义

成本、工期和质量通常是项目管理的三大目标,引起三大目标偏离预期的因素非常多,这些风险因素可能导致工程量增加,工程延期完成甚至是工程中止。这些影响项目完成的风险因素本文视为风险元(Borman and Fuhrman,2009)。当具有相关关系的变量之间存在因果关系时,因果关系中作为原因的变量可称为"解释变量",作为结果的变量可称为"被解释变量"。

人才培养项目过程中存在着许多风险元,它们客观存在又相互影响,不同的年龄段,职业,受教育程度等风险元的名称不一样。本文研究的是人才培养项目中赶工风险元的传递模型,赶工通常伴随着熬夜,这往往会带来压缩睡眠时间和休闲时间的风险,所以本文将以睡眠时间,休闲时间和工作时间/学习时间(不同年龄段的主要人才培养过程)作为分支风险元具体分析。其中,睡眠时间为"被解释变量",休闲时间,工作时间和学习时间则为"解释变量"。

4.5.2.4 赶工风险元传递定量表示

基于上述对风险元定义的理解,对应于项目风险管理,项目风险元传递可以看作一些风险域的变化引起另一些风险域的变化,即一些研究对象的风险变化引起目标对象的风险变化。一般地,记论域为:$U=\{x_1,x_2,\cdots,x_n\}$,式中:x_n 表示风险研究对象,是一个不确定的值。则风险元传递可做如下的一般定义。

对于目标对象 y,若存在某种对应关系 f,使得 x_i 满足 $y=f(x_i)$,则称 x_i 为影响目标对象 y 的风险元,对应关系 f 称为风险元传递函数。

由于人群的特点不同,所以依据职业和年龄的不同可以将被调查人员分成两个大组。在职业类别下主要分成三组,分别是:工人组、科教文卫组和学生组。工人组和科教文卫组当中选取工作时间、休闲时间和睡眠时间作为风险元,学生组则选取学习时间、休闲时间和睡眠时间为风险元。在年龄组中以 5 为一个年龄段选取 14~19 岁和 20~24 岁这两个年龄段以学生为主体的人群,所以在这两组中风险元分别为学习时间、休闲时间和睡眠时间。

4.5.3 人才培养项目赶工风险元线性回归模型

根据经济学的人力资本理论,人才培养过程中睡眠时间可能受到工作时间、休闲时间、学习时间的影响。w 表示工作时间,r 表示休闲时间,l 表示学习时间,S 表示睡眠时间,则在自变量(w,r,l)与因变量 S 的关系中,w,r,l 是解释变量,S 是被解释变量。由于劳动者的睡眠时间除了受休闲时间、学习时间或者工作时间影响外,还受到其他随机因素的影响,所以解释变量与被解释变量之间的关系可以分别表示为:

$$S = aw + \varepsilon\,(a > 0) \tag{4-2}$$

$$S = ar + \varepsilon\,(a > 0) \tag{4-3}$$

$$S = al + \varepsilon\,(a > 0) \tag{4-4}$$

其中,ε是反映随机因素导致的误差的随机变量。

称形如式(4-2)的函数关系为线性回归函数,则一般的线性回归函数是[①]

$$S = a_0 + a_1 x_1 + \cdots + a_m x_m + \varepsilon \tag{4-5}$$

式(4-5)中S为解释变量,$x_1,\cdots,x_m$为影响S的第m个解释变量,$a_0,a_1,\cdots,a_m$为回归系数,ε为随机变量。

在实际问题中,取定变量$x_1,\cdots,x_m$的一组值可以取到S的一个值,而回归系数由变量$x_1,\cdots,x_m$,S的观测值做出估计。所以式(4-5)表示的变量之间的关系应该对这些变量所有可能的取值都成立。于是,式(4-5)可以表示为

$$S_i = a_0 + a_1 x_{i1} + \cdots + a_m x_{im} + \varepsilon_i,\, i=1,\cdots,n \tag{4-6}$$

引入向量

$$S = [S_1 \cdots S_n]^T, x_j = [x_{1j} \cdots x_{nj}]^T, j = 1,\cdots,m \tag{4-7}$$

$$I = [1 \cdots 1]^T, a = [a_0, a_1 \cdots a_m]^T, \varepsilon = [\varepsilon_1 \cdots \varepsilon_n]^T \tag{4-8}$$

并令矩阵

---

① 为方便计算,后文将自变量w,r,l统称为x。

$$X = [I \quad X_1 \quad \cdots \quad X_m] = \begin{bmatrix} 1 & x_{11} & \cdots & x_{1m} \\ \cdots & \cdots & \cdots & \cdots \\ 1 & x_{n1} & \cdots & x_{nm} \end{bmatrix} \quad (4-9)$$

则式(4—5)可以写成矩阵方程

$$S = a_0 + a_1 x_1 + \cdots + a_m x_m + \varepsilon = ax + \varepsilon \quad (4-10)$$

4.5.4 赶工风险元的概率估计和假设

鉴于在特定的环境中分析以及选取的样本量有限的情况下,在使用以上相关数学模型分析风险元传递的同时还需要对于赶工风险元进行恰当的概率估计和合理的假设。

赶工风险元的概率估计主要通过找出人才培养过程中赶工存在影响风险元变化的因子,风险元的改变带来模型中参数分布的变化来计算出风险元变动的范围及概率。概率估计是一种定量估计,定量估计主要通过主观估计法和客观估计法来实现。

主观估计带有一定的偏差,因为它是由专家根据长期实践的经验为基础做出的估计,这种偏差可以通过Delphi来降低。Delphi是美国资讯机构兰德公司发明的,通过将许多专家的意见相互独立地集中起来,使分散的评估意见收敛直至集中在协调一致的评估结果上。

客观估计相对于主观估计更具有独立性,它是研究人员依据查阅现有的数据资料,然后使用数学模型进行分析,从而预估研究事项未来发生的概率。它包括时间序列分析法、类推法、回归分析法等。人才培养项目中对于赶工风险元传递模型的相关分析是通过回归分析法来计算影响人才培养目标的风险元之间的相互影响程度(Gibson and Shrader,2014)。

回归分析的主要工作是对回归系数及随机误差的数字特征做出估计,并通过统计检验确定解释变量与被解释变量的回归形式。由于估计及统计检验是在对相关变量特定的假设下进行的,所以需要对解释变量和随机误差做出一些假设。

对变量 $x_1, \cdots, x_m$ 和 $\varepsilon_i (i = 1, \cdots, n)$ 作出如下假设(张宛平和杭爱明,2009):

• 对应变量的每组值的随机误差 ε_i 是均值为零的随机变量,从而 ε_i 的数学期望 $E(\varepsilon_i) = 0 (i = 1, \cdots, n)$。

- 随机误差 ε_i 的方差相同,有 $Var(\varepsilon_i)=\sigma^2(i=1,\cdots,n)$,$\sigma$ 为常数。
- 与不同组的值对应的随机误差不相关,即 $Cov(\varepsilon_i,\varepsilon_j)=0(i\neq j,i,j=1,\cdots,n)$。
- 随机误差 $\varepsilon_i(i=1,\cdots,n)$ 服从正态分布。
- 解释变量 $x_j(j=1,\cdots,m)$ 是确定性变量,当 $m\geq 2$ 时不同解释变量之间不存在线性关系或近似线性关系。

4.5.5 案例分析

4.5.5.1 **数据采集**[①](见表 4-2 至表 4-7)。

(1)根据职业分组,具体见表 4-2 至表 4-4。

表 4-2　工人组人均活动时间

单位:小时

活动名称	合计	男	女
正规就业	417	423	405
休闲活动	216	232	188
使用媒体	132	139	121
健身锻炼	73	75	70
棋牌游戏	122	119	132
外出参观	96	103	82
社会交往	64	65	63
睡觉休息	516	513	522

---

① 数据来源:国家统计局 2008 年活动时间利用调查资料汇编。

表4−3 科教文卫组人均活动时间

单位:小时

活动名称	合计	男	女
正规就业	407	409	406
休闲活动	192	216	170
使用媒体	112	119	105
健身锻炼	64	68	59
棋牌游戏	126	119	141
外出参观	105	109	94
社会交往	56	525	56
睡觉休息	527	520	533

表4−4 在校学生组人均活动时间

单位:小时

活动名称	合计	男	女
正规就业	547	544	551
休闲活动	163	174	152
使用媒体	142	146	138
健身锻炼	60	67	49
棋牌游戏	88	92	75
外出参观	151	190	100
社会交往	57	57	57
睡觉休息	539	541	537

(2)根据年龄段分组(5岁),具体见表4—5和表4—6。

表4—5 15～19岁年龄段人均活动时间

单位:小时

活动名称	合计	男	女
正规就业	480	480	489
休闲活动	104	111	97
使用媒体	11	13	9
健身锻炼	15	17	12
棋牌游戏	4	6	1
外出参观	0	0	1
社会交往	12	12	12
睡觉休息	524	525	523

表4—6 20～24岁年龄段人均活动时间

单位:小时

活动名称	合计	男	女
正规就业	89	94	83
休闲活动	193	211	176
使用媒体	41	55	28
健身锻炼	13	16	11
棋牌游戏	6	7	6
外出参观	2	2	1
社会交往	19	19	20
睡觉休息	545	544	546

4.5.5.2 运用数学模型计算风险元关联度

(1)按职业分组(工人组,科教文卫组,在校学生组),见表4-7和表4-8。

①工人组中风险元回归模型

表4-7 模型参数

	非标准化系数		标准化系数	P	t
	B	Std. Error	Beta		
常数	724.5	0	—	0.000**	2.95245E+11
休闲活动	−0.5	0	−1	0.000**	84573349478

表4-8 模型概述及方差分析

模型	R^2	调整 R^2	F
1	1	1	7.152651441988298e 21**

因变量:睡觉休息;* P<0.05 P<0.01。

将正规就业(w)作为自变量,而将睡觉休息(S)作为因变量进行线性回归分析,从表4-7和表4-8可以看出,模型R平方值为1.000,意味着正规就业可以解释睡觉休息的100.0%变化原因。对模型进行F检验时发现模型通过F检验(F=7152651441988298000000.000,P<0.05),也即说明正规就业一定会对睡觉休息产生影响关系。

模型公式为:$S = 724.500 - 0.500 \times w$。

最终具体分析可知:w的回归系数值为−0.500,P值小于0.01,意味着正规就业会对睡觉休息产生显著的负向影响关系。

②教科文卫组中风险元回归模型

a.睡觉休息时间和正规就业时间回归模型

表 4−9 模型参数

	非标准化系数		标准化系数	P	t
	B	Std. Error	Beta		
常数	2243.286	251.973	—	0.071	8.903
休闲活动	−4.214	0.619	−0.989	0.093	−6.813

表 4−10 模型概述及方差分析

模型	R^2	调整 R^2	F
2	0.979	0.958	46.413

因变量:睡觉休息;* $P<0.05$ ** $P<0.01$。

从表 4−9 和表 4−10 可知,将正规就业(w)作为自变量,而将睡觉休息(S)作为因变量进行线性回归分析,模型 R 平方值为 0.979,意味着正规就业可以解释睡觉休息的 97.9% 变化原因。对模型进行 F 检验时发现模型并没有通过 F 检验(F=46.413,P>0.05),也即说明正规就业并不会对睡觉休息产生影响关系,因而不能具体分析自变量对于因变量的影响关系。

b.睡觉休息时间和休闲活动时间回归模型

表 4−11 模型参数

	非标准化系数		标准化系数	P	t
	B	Std. Error	Beta		
常数	581.142	1.056	—	0.001**	550.48
休闲活动	−0.283	0.005	−1	0.012*	−51.846

表 4−12 模型概述及方差分析

模型	R^2	调整 R^2	F
3	1	0.999	2688.013*

因变量:睡觉休息;* $P<0.05$ ** $P<0.01$。

从表 4-11 和表 4-12 可知,将休闲活动(r)作为自变量,而将睡觉休息(S)作为因变量进行线性回归分析,模型 R 平方值为 1.000,意味着休闲活动可以解释睡觉休息的 100.0% 变化原因。对模型进行 F 检验时发现模型通过 F 检验(F=2688.013,P<0.05),也即说明休闲活动一定会对睡觉休息产生影响关系,以及模型公式为:$S=581.142-0.283\times r$。

最终具体分析可知:r 的回归系数值为 -0.283,P 值为 0.012,小于 0.05,意味着休闲活动会对睡觉休息产生显著的负向影响关系。

③在校学生组的风险元回归模型

a. 睡觉休息时间和学习培训时间回归模型

表 4-13 模型参数

	非标准化系数		标准化系数	P	t
	B	Std. Error	Beta		
常数	849.649	25.622	—	0.019*	33.161
休闲活动	-0.568	0.047	-0.997	0.052	-12.124

表 4-14 模型概述及方差分析

模型	R^2	调整 R^2	F
4	0.993	0.986	147

因变量:学习培训;* P<0.05 * * P<0.01。

从表 4-13 和表 4-14 可知,将学习培训(l)作为自变量,而将睡觉休息(S)作为因变量进行线性回归分析,模型 R 平方值为 0.993,意味着学习培训可以解释睡觉休息的 99.3% 变化原因。对模型进行 F 检验时发现模型并没有通过 F 检验(F=147.000,P>0.05),也即说明学习培训并不会对睡觉休息产生影响关系,因而不能具体分析自变量对于因变量的影响关系。

b. 睡觉休息时间和休闲活动时间回归模型

表 4－15　模型参数

	非标准化系数		标准化系数	P	t
	B	Std. Error	Beta		
常数	509.364	0	—	0.000**	31.354E+12
休闲活动	0.182	0	1	0.000**	7.889E+10

表 4－16　模型概述及方差分析

模型	R^2	调整 R^2	F
5	1	1	6.224307345266584e 21**

因变量：睡觉休息；*P<0.05　**P<0.01。

从表 4－15 和表 4－16 可知，将休闲活动（r）作为自变量，而将睡觉休息（S）作为因变量进行线性回归分析，模型 R 平方值为 1.000，意味着休闲活动可以解释睡觉休息的 100.0% 变化原因。对模型进行 F 检验时发现模型通过 F 检验（F=6224307345266584000000.000，P<0.05），也即说明休闲活动一定会对睡觉休息产生影响关系，以及模型公式为：$S=509.364+0.182\times r$。

最终具体分析可知：r 的回归系数值为 0.182，P 值为 0.000，小于 0.01，意味着休闲活动会对睡觉休息产生显著的正向影响关系。

(2)按年龄段分组(5 岁)

①15～19 岁年龄段

a.睡觉休息时间和学习培训时间回归模型

表 4－17　模型参数

	非标准化系数		标准化系数	P	t
	B	Std. Error	Beta		
常数	604.5	46.478	—	0.049*	13.006
休闲活动	−0.167	0.06	−0.866	0.333	−1.732

表 4－18　模型概述及方差分析

模型	R^2	调整 R^2	F
6	0.75	0.5	3

因变量：睡觉休息；* P＜0.05 ** P＜0.01。

从表 4－17 和表 4－18 可知，将学习培训（l）作为自变量，而将睡觉休息（S）作为因变量进行线性回归分析，模型 R 平方值为 0.750，意味着学习培训可以解释睡觉休息的 75.0% 变化原因。对模型进行 F 检验时发现模型并没有通过 F 检验（F＝3.000，P＞0.05），也即说明学习培训并不会对睡觉休息产生影响关系，因而不能具体分析自变量对于因变量的影响关系。

b. 睡觉休息时间和休闲活动时间线性回归关系

表 4－19　模型参数

	非标准化系数		标准化系数	P	t
	B	Std. Error	Beta		
常数	509.143	0	—	0.000**	7.343E＋12
休闲活动	0.143	0	1	0.000**	2.146E＋11

表 4－20　模型概述及方差分析

模型	R^2	调整 R^2	F
7	1	1	4.605431693770016E 22**

因变量：睡觉休息；* P＜0.05 ** P＜0.01。

从表 4－19 和表 4－20 可知，将休闲活动（r）作为自变量，而将睡觉休息（S）作为因变量进行线性回归分析，模型 R 平方值为 1.000，意味着休闲活动可以解释睡觉休息的 100.0% 变化原因。对模型进行 F 检验时发现模型通过 F 检验（F＝4605431693770016000000000.000，P＜0.05），也即说明休闲活动一定会对睡觉休息产生影响关系，以及模型公式为：$S = 509.143 + 0.143 \times r$。

最终具体分析可知：r 的回归系数值为 0.143，P 值为 0.000，小于 0.01，意味着休闲活动会对睡觉休息产生显著的正向影响关系。

②20～24 岁年龄段

a.睡觉休息时间和学习培训时间回归模型

表 4－21 模型参数

	非标准化系数		标准化系数	P	t
	B	Std. Error	Beta		
常数	556.045	0.183	—	0.000**	3043.719
休闲活动	−0.057	0.001	−1	0.011*	−60.622

表 4－22 模型概述及方差分析

模型	R^2	调整 R^2	F
8	1	0.999	3675.000*

因变量：睡觉休息；* P＜0.05 ** P＜0.01。

从表 4－21 和表 4－22 可知，将休闲活动（r）作为自变量，而将睡觉休息（S）作为因变量进行线性回归分析，模型 R 平方值为 1.000，意味着休闲活动可以解释睡觉休息的 100.0% 变化原因。对模型进行 F 检验时发现模型通过 F 检验（F＝3675.000，P＜0.05），也即说明休闲活动一定会对睡觉休息产生影响关系，以及模型公式为：S＝556.045−0.057×r。

最终具体分析可知：r 的回归系数值为 −0.057，P 值为 0.011，小于 0.05，意味着休闲活动会对睡觉休息产生显著的负向影响关系。

b.休闲活动时间和学习培训时间回归模型

表 4-23　模型参数

	非标准化系数		标准化系数	P	t
	B	Std. Error	Beta		
常数	27.974	4.202	—	0.095	6.658
休闲活动	0.314	0.022	0.998	0.044*	14.484

表 4-24　模型概述及方差分析表

模型	R^2	调整 R^2	F
9	0.995	0.991	209.785*

因变量:睡觉休息；* P<0.05　＊＊P<0.01。

从表 4-23 和表 4-24 可知,将休闲活动 r 作为自变量,而将学习培训(w)作为因变量进行线性回归分析,模型 R 平方值为 0.995,意味着休闲活动可以解释学习培训的 99.5% 变化原因。对模型进行 F 检验时发现模型通过 F 检验(F=209.785,P<0.05),也即说明休闲活动一定会对学习培训产生影响关系,以及模型公式为:$w = 27.974 + 0.314 \times r$。

最终具体分析可知:r 的回归系数值为 0.314,P 值为 0.044,小于 0.05,意味着休闲活动会对学习培训产生显著的正向影响关系。

4.5.5.3 实例总结

在根据职业分组中进行的风险元相关分析可以发现,工人组中正规就业的时间全部会对睡觉休息时间产生显著的负向影响关系。在教科文卫体组内,花在休闲活动上的时间均会对睡觉休息时间产生显著的负向影响关系。而对于在校学生组来说,休闲活动的消耗时间都会对睡觉休息的时间产生显著的正向影响关系。

根据五岁年龄段分组可知,在 15~19 岁的年龄段中,休闲活动的时长能对睡觉休息的时长产生显著的正向影响关系。而在 20~24 岁组总结分析可知:休闲活动的时间则会对睡觉休息时长产生显著的负向影响关系。但是休闲活动的时长会对学习培训产生显著的正向影响关系。

通过使用风险元传递模型对人才培养项目中赶工所带来的风险元及其最终结果的影响

进行分析。在研究过程中发现对于在校学生来说,适当地进行休闲活动有利于增加他们的睡眠时长。而对于工作人群来说,无论是工作时间还是休闲时间的增加都会导致他们睡眠时间的减少。所以在人才培养过程中,如果一味赶工,压缩睡眠时间,会不利于人才最终的培养结果。

但是本书研究过程中也存在一些不足。例如样本数据的提取比较老旧,所以分析范围只局限在一个特定时间段中。量化模型工具的选取也相对简单,仅仅通过分析风险元之间的线性回归关系来得到对人才培养项目结果的影响。在文中本文仅运用数学模型分析了风险元在人才培养项目过程中的传递,并没有提出相关的解决方法和建议。如果进一步对数据和社会现状进行分析,采取定性分析和定量分析相结合的方法,可以为解决人才培养项目中针对赶工风险元所带来的问题提供更加新颖的思路和方法。

第五章 建设施工项目管理

上一章,我们构建了人才培养项目赶工风险管理模型,研究了人才培养项目中的赶工风险元传递问题。本章我们主要讨论建筑工程项目赶工风险管理。首先对工程项目风险含义、工程项目风险特殊性、施工管理项目风险分类和施工管理项目风险管理过程等进行叙述;接着讨论了施工管理项目赶工措施和施工管理项目赶工风险控制的办法;然后,从项目提前期和施工时间对项目目标的影响着手,在现有研究基础上,考虑风险动态演化过程,构建施工管理项目赶工风险管理理论模型,分析建设工程项目赶工风险传递的内在规律,实现预警诊断和有效控制,提高建设工程项目质量;最后,对建筑工程项目模型进行实例分析,提出降低建筑工程风险的有效途径。

5.1 建设施工管理项目

5.1.1 工程项目风险含义

工程项目风险,是指工程项目在其寿命周期中的风险,即工程项目在筹划、勘察设计、施工及竣工后投入使用各阶段可能遭受的风险,工程项目风险使工程目标的实现具有不确定性。

工程项目的建设是一项复杂的系统工程。项目风险是在项目建设这一特定环节下发生的,与项目建设活动及内容密切相关,项目建设风险具有复杂系统等若干特征,研究建设项目风险的系统特征,不仅能深入地认识工程项目风险的特殊性,同时也是工程项目风险管理的基础。

5.1.2 工程项目风险特殊性

工程项目风险的特殊性表现在以下几个方面:

(1)工程项目风险的相对性。风险总是相对项目主体而言的,同样的风险事件对不同的主体有不同的影响。风险的大小也是相对的,不同的主体对同一风险的承受能力是不同的,人们的承受能力与收益的高低、投入的多少、项目主体的地位和拥有的资源这几个因素有关。

(2)工程项目风险的阶段性。工程项目风险在整个项目生命周期中都存在,而不仅仅存在于施工阶段,随着工程项目的进行,不同的阶段会有不同的风险出现。风险的阶段性有助于对项目进行分阶段风险识别。

随着项目的进展,风险会随之逐渐减少。最大的风险存在于项目早期,早期阶段做出的决策对后续阶段和项目目标的实现影响最大,因此为减少损失,在早期阶段主动付出必要的代价比拖到后期阶段不得已再采取措施要好得多。

(3)工程项目风险影响的全局性。工程项目风险影响常常不是局部的、某段时间或某一个方面,而是全局性的。例如,反常的气候条件造成的工程停滞,则会影响整个工程项目的后期进度,影响后期所有参与者的计划。它不仅会造成工期的延长,而且会导致费用的增加。甚至会影响工程质量。即使是局部的相对独立的风险,随着时间的推移和项目的发展风险也会积少成多,其影响呈扩大的趋势。

(4)工程项目风险的相关性。项目风险之间存在着相互依存、相互制约的关系,它们通过工程项目建设的特定环境和各种可能的途径进行组合,形成特殊的复合风险,项目风险的相关性使项目风险的发生、作用及损失程度的变化极其复杂。

5.2 施工管理项目风险分类

结合项目建设全过程风险识别与控制的构想,经过归纳总结,将工程项目风险分为以下几种:

(1)不可抗力风险:例如地震、洪水、台风、滑坡等,这类风险一般是致命的,是事后几乎无法弥补的灾难性风险。

(2)自然环境风险:是指自然界气候的变化,不良的工程地质条件、水文条件等。

(3)政治法律风险:是指项目所处的宏观环境局势的稳定性,国际、国内的政治波动,政府产业政策或环保政策的变化以及项目在审核过程中存在的不确定性因素引发的风险。

(4)经济风险:是指由于与工程项目建设相关的经济因素的变化,而给项目带来的风险。经济因素存在于项目的全生命周期,影响频率高,交叉作用多,原因较复杂,包括价格、税收、工资等变化引发的风险,通货膨胀、经济制裁、市场动荡引发的风险,以及合同条款遗漏、错误等引发的风险。

(5)财务风险:是指资金筹措方筹集的资金不到位、资金的短缺、利率的波动、项目资金中外汇部分因汇率发生不利的变化引发的风险。

(6)技术风险:是指与工程项目建设相关的技术因素引发的风险,包括设计原因引发的风险、施工原因引发的风险。

(7)组织风险:是指由于与工程项目建设相关的项目执行组织内部、外部因各职能部门之间协调配合不利引发的风险。例如业主内部各部门的协调,设计方、施工方各部门的协调,业主与设计方、施工方的协调引发的风险。

(8)管理风险:是指由于工程项目建设的管理职能与管理对象等因素引发的安全、质量、责任事故风险。例如管理组织、领导素质、管理措施、管理计划引发的风险。

5.3 施工管理项目风险管理过程

5.3.1 风险识别

风险识别是风险管理的第一步,是在风险发生之前通过分析、归纳和整理各种统计资料,对风险的类型及风险的生成原因、可能的影响后果做定性的估计、感性的认识和经验判断。

在大部分情况下风险并不是显而易见的,其往往隐藏在工程项目实施的各个环节,或被种种假象所掩盖,因此,识别风险要讲究方法。一方面可以通过感性认识和经验判断进行风险识别;另一方面则是依靠客观的统计、资料的积累和风险的记录进行归纳、整理和分析,根据工程项目风险的特点,采用针对性的识别方法。

工程项目风险识别的技术与工具包括如下几种:

(1)试验数据或结果。在项目进行之前,花费一定的资金,尽可能地模拟现场实际条件做一些试验,这些试验的结果对识别风险、辨别风险事件后果的大小非常有效。

(2)核对表法。是根据以往的经验和已有的相关资料,将经历过的风险及其来源排列成的一览表。核对表中除了罗列项目常见风险事件及其来源外,还可包含很多内容,例如项目成功或失败的原因、项目各个方面(范围、成本、质量、进度、采购与合同)的规划以及项目的可用资源等。管理人员可在核对表的启发下,将本项目与之对比,进而能比较全面地判断出可能发生的风险。另外,还可以去保险公司索取保险单,研究保险种类、保险案例等,进一步开阔思路,识别出更多的风险。

(3)专家调查法。主要是利用各领域专家的专业理论、实践经验等,找出各种潜在风险并对其后果进行分析。首先选定适当数量的与本项目有关的专家,与这些专家建立直接的联系,咨询收集专家的意见,然后加以综合整理,并反馈给他们,再咨询意见。这样反复多次,使专家们的意见成为项目风险识别的主要依据。

专家调查法主要包括专家个人常识及经验判断法、德尔菲法和头脑风暴法等十余种方法。其中德尔菲法与头脑风暴法是用途较广、具有代表性的两种方法。

①德尔菲法。德尔菲法本质上是一种反馈匿名函询法。其做法是,在对所要预测的问题征得专家的意见后,进行整理、归纳、统计,再匿名反馈给各专家,再次征求意见,再集中,再反馈,直到得到稳定的意见。

②头脑风暴法。头脑风暴法是以群体专家组成专家小组,利用专家的创造思维,集思广益,获取未来信息的直观预测和识别方法。其具体做法是:在专家对工程相关信息已十分熟悉的情况下,通过专家会议的方式,进行风险因素的罗列。首先,由某个专家说出一个风险,接着下一个专家说出另一个可能出现的风险。这个过程不断进行,每人每次说出一个风险。如果轮到某位专家没想到新的风险,就说一声"通过"。这一循环过程一直进行,直到想尽了一切风险或限定的时间已到。

③问卷调查或访谈。问卷调查或访谈的对象尽可能涉及有关部门,因为某单个部门的知识和经验毕竟是有限的。

④事件树分析法。事件树分析法是利用图解的形式,将引起风险的事件逐步分解以进行分析的方法。它是从结果出发,通过演绎推理一步步查找风险事件的来源和发生条件的过程。对于经验较少的风险识别,即可通过层层分解,最终查明原因。但若应用于大的系统时,容易产生遗漏和错误。

⑤工作分解结构(WBS)。风险识别要想减少项目结构的不确定性,就要弄清楚项目的组成、各组成部分的性质、它们之间的联系以及项目同环境之间的关系等,项目工作分解结构是完成这项任务的有力工具。工作分解结构就是把主要的项目分成较小的、更易管理的组成部分,直到分解得足够详细、可以识别风险为止。

用工作结构识别风险,可根据工程项目一般的分解方法,将其分解为单项工程、单位工程、分部工程、分项工程,甚至可到具体的工序,然后,从工程项目的最小单元开始逐步识别风险。

项目管理的其他方面,如范围、进度和成本管理,也要使用项目工作分解结构,因此,在风险识别中利用这个已有的工具并不会给项目管理增加额外的工作量。

⑥敏感性分析。敏感性分析研究在项目生命期内,当项目变数(例如产量、价格、变动成本等)以及项目的各种前提与假设发生变动时,项目的性能(例如现金流的净现值、内部收益率等)会出现怎样的变化以及变化范围如何。敏感性分析能够回答哪些项目变数或假设的变化对项目的性能影响最大,这样项目管理人员就能识别出风险隐藏在哪些项目变数或假设下。

⑦事故树分析。在可靠性工程中常常利用事故树进行系统的风险分析。此法不仅能识别出导致事故发生的风险因素,还能计算出风险事故发生的概率、提出各种控制风险因素的方案。既可做定性分析,也可做定量分析。

事故树由结点和连接结点的线组成。结点表示事件,而连线则表示事件之间的关系。事故树分析是从结果出发,通过演绎推理查找原因的一种过程。事故树分析一般用于技术性强、较为复杂的项目。

5.3.2 风险估计

风险估计是在风险识别的基础上,通过对所收集的大量资料的分析,利用概率统计理论,估计和预测风险发生的可能性和相应损失的大小,风险估计是对风险的定量化分析。

一般而言,风险发生的概率或概率分布应由历史统计资料和数据来确定,即所谓客观概率,客观概率对风险概率估计和损失估计具有参考价值。不过,当风险管理人员没有足够的历史统计资料时,仍可利用理论概率分布或主观概率进行风险估计。

1.利用统计资料确定风险概率分布

当工程项目某些风险事件或其影响因素积累有较多的数据资料时,就可通过对这些数据资料的整理分析,从中找出某种规律性,进而大致确定风险因素或风险事件的概率分布类型。数据资料的整理和分析就是制作频率直方图或累积频率分布图。

频率直方图和累积频率分布图反映样本数据的分布规律性。在直角坐标系下以小矩形表示所获样本数据构成的区间及其对应的频率,每个小矩形上边的中点用光滑曲线相连,得到的曲线即为估计的风险密度函数曲线,根据该曲线,可找到与其形状接近的常用函数分布曲线,比如正态分布。当数据量较大时,估计的密度曲线能以很大的概率接近实际的密度曲线,即:用样本的分布代替总体的分布,根据估计的密度曲线形状确定实际的分布。必要时可利用已有的实际数据对假设的分布类型进行检验。

概率分布有连续型和离散型两大类。工程项目风险管理常用的连续型概率分布包括均匀分布、正态分布、指数分布等;离散型概率分布包括伯努利二项分布、泊松分布等。风险管理人员可根据实际情况进行概率分布类型的选择。概率分布中可得到诸如期望值、标准差等信息,这些信息对风险估计非常有用。

2.利用理论分布确定风险概率分布

在工程实践中,有些风险因素或风险事件的发生是一种较为普遍的现象,前人已做了许多的探索和研究,并得到了这些风险因素或风险事件的随即变化的规律,即分布的概率。对这种情况,就可利用已知的理论概率分布,根据工程的具体情况确定风险因素或风险事件发生的概率。比如,正态分布在工程项目风险管理的各种分布中居于首位。在正常的生产条件下,工程项目施工工序质量的计量值服从正态分布;工程项目施工工期一般也认为是近似服从正态分布的。因此,在分析工程质量风险、地质地基风险、工期风险时,就可直接利用正态分布进行分析。

3.利用主观概率确定风险概率

由于工程项目具有明显的一次性和单件性,工程项目的可比性较差,工程项目的风险特征和风险因素往往也相差很远,根本就没有或很少有可以利用的历史数据和资料。在这种情况下,风险管理人员就只能根据自己的经验猜测风险事件发生的概率分布或概率。利用主观概率分析,工程项目风险应注意到,主观概率反映的是特定的个体对特定事件的判断。在一定程度上,主观概率反映了个体在一定情况下的自信程度,用主观概率估计风险因素或风险事件发生概率的常用方法有:等可能法、主观测验法、专家调查法等。

5.3.3 风险评价

风险评价是在风险识别和风险估计的基础上,对风险发生的概率、损失程度和其他因素进行综合考虑,从而得到描述风险的综合指标——风险度,以便对工程的单个风险因素进行重要性排序和评价工程项目的总体风险。

风险事件评价的方法可分为定性和定量两大类。定性方法有:调查和专家评分法和层次分析法。定量方法有等风险图法、决策树法、计划评审技术(PERT)和图形评审技术(GERT)。

1.调查和专家评分法

调查和专家评分法是一种常用的、简单的、易于理解的风险评价方法。就是将项目所有的风险罗列出来,利用专家们的经验,对各个风险的严重性进行打分,从而确定风险的大小。

具体步骤如下:第一步,识别出某一特定项目可能遇到的所有风险,列出风险调查表。第二步,利用专家经验,对可能的风险因素的重要性进行评价,确定每个风险因素的权重,以表征其对项目风险的影响程度。第三步,确定每个风险因素的等级值,按可能性很大、比较大、中等、不大、较小五个等级,分别以 1.0、0.8、0.6、0.4 和 0.2 打分。第四步,将每个风险因素的权数与等级值相乘,求出该风险因素的得分。再求出此工程项目风险因素的总分。显然,总分越高说明风险越大。

调查和专家评分法得出的结果是一种主观值,适用于项目前期风险分析。这段时期往往缺乏项目具体的数据资料,主要依据专家经验和决策者的意向。不过,该法同时考虑了众多因素对风险的影响,因而其评价结果比仅考虑单因素的结果,可信度要高。

2.层次分析法

工程项目风险评价实际就是多个目标的评价系统,总目标很难具体量化,往往需要借助可量化的多个子目标,甚至借助子目标下的子目标。因此,运用层次分析法,有利于更好地实现对风险的评价。

层次分析法就是构造一个层次结构模型,管理者根据自己的经验,构造出能够反映系统本质属性和内在联系的递阶层次结构模型,利用两两因素比较,确定每一层不同因素对于上一层各因素的重要性权数并得出矩阵,通过对矩阵特征值和特征向量的计算,得出各风险大小顺序权数的向量,以此将风险的大小排列顺序。

在风险评价中,需要解决的问题一般包括三个方面:工程单个风险因素的重要性排序、系统总的风险度评价和风险应对方案的选择。针对这三个不同的目标,需要建立其相应的递阶层次结构模型。

在风险因素重要性排序中,第一层为风险因素排序;第二层要考虑风险因素发生的概率、风险造成的损失和风险因素的可控制性三个元素;第三层为工程风险分类,一般可分为自然风险、技术风险、经济风险、管理风险和其他风险,在实际应用时应根据工程实际情况予以调整;第四层为结构的最底层,包括各风险类中具体风险因素。

在系统的总风险度评价结构层次中,第一层即为系统总风险度评价;第二层要考虑系统的工期风险、费用风险、质量风险和安全性风险四个元素;第三层为工程风险分类;第四层为各类风险中具体的风险因素;第五层为每一风险的可能状态,可以采用高、中、低三个状态,也可以结合具体工程实际,采取其他状态描述形式。

3.等风险图法

等风险图法就是以风险发生的后果和概率分别为纵、横坐标轴,将表示具有不同发生概率和后来二者乘积(即期望值)相等的各个不同风险在必标上的点相连所组成的曲线。等风险图法多用于项目整体风险评估。

等风险图包括两个因素:失败的概率和失败的后果。这种方法把已识别的风险分为低、中、高三类。低风险指对项目目标仅有轻微不利影响、发生概率也小(小于0.3)的风险。中风险指发生概率大(0.3~0.7),且影响项目目标实现的风险。高风险指发生概率很大(0.7以上),对项目目标的实现有非常不利影响的风险。

4.决策树法

决策树法采用了概率论的原理,并且借助一种树形图作为分析工具。其基本原理是用决策点代表决策问题,用分枝代表可供选择的方案,用概率分枝代表方案可能出现的各种结果,经过对各种方案在各种结果条件下损益值的计算比较,为决策者提供决策依据。决策树分析法是常用的风险分析决策方法,该方法是一种用树形图来描述各方案在未来收益的计算方法,其决策是以期望值为标准的。人们在未来可能会遇到很多种不同的情况,每种情况均有出现的可能,人们目前无法确知,但是可以根据以前的资料来推断各种自然状态出现的概率。在这样的条件下,人们计算的各种方案在未来的经济效果只能是考虑到各种自然状态出现的概率的期望值,与未来的实际收益不会完全相等。

如果一个决策树只在树的根部有一个决策点,则称为单级决策;若一个决策树不仅在树的根部有决策点,而且在树的中间也有决策点,则称为多级决策。

5.敏感性分析法

敏感性分析法是只考虑影响工程项目成本的几个重要因素的变化,如利率、投资额、运行成本等,而不是采用工作分解结构把总成本按工作性质细分为各子项目成本,从子项目成本角度考虑风险因素的影响,再综合成整个项目风险。敏感性分析法的结果可以为决策者提供以下信息:首先,工程目标成本对哪个成本单个因素的变化最为敏感;其次,可以相应排出对成本单项的敏感性顺序。这样的结果也说明,使用敏感性分析法分析工程风险不可能得出具体的风险影响程度资金值,它只能说明一种影响程度。一般在项目决策阶段的可行性研究中使用敏感性分析法分析工程风险。使用这种方法,能向决策者简要地提供影响项目成本变化的因素及其影响程度,使决策者在做最终决策时考虑这些因素的影响,并优先考虑某种最敏感因素对成本的影响。因此,敏感性分析法般被认为是一个有用的决策工具。

5.3.4 风险应对

风险评价之后,风险管理者对项目存在的种种风险和潜在损失有了一定的把握。在此基础上,在众多的风险应对策略中,选择行之有效的策略,并寻求与之对应的既符合实际又会有明显效果的具体应对措施,力图将风险控制在项目主体可承受的范围内或使风险所造成的负面效应降低到最低程度。

风险应对技术可分为两大类:控制性技术和财务性技术。控制性技术主要作用是避免、消除和减少事故发生的机会,限制已经发生的损失继续扩大。具体策略包括:风险规避、非保险转移、缓解和利用。财务性技术是指在风险发生后通过财务安排来减轻风险对项目目标实现程度的影响,具体策略包括保险性风险转移和风险自留。风险应对计划实际是多种应对策略的优化组合。

5.3.5 风险监制

风险监制即对工程项目风险的监视和控制。跟踪已识别的风险,监视残留风险和识别新的风险。严格执行风险应对措施并适时调整,密切监视这些措施对降低风险的有效性,将项目的进展控制在管理者手中。

风险管理贯穿于项目管理的各个阶段和各个层次,具有极其重要的作用。人们在项目管理中提出了全面风险管理的概念。全面风险管理使用系统的、动态的方法进行风险控制,以减少工程项目中的不确定性。传统观点认为风险管理是一个直线的过程,全面风险管理则强调风险的识别、评价、应对与监制发生于项目的全过程,整个风险管理过程是闭环系统。随着风险应对计划的实施,风险会出现许多变化。这些变化的信息被及时反馈,风险管理者才能及时地对新情况进行风险估计和评价,从而调整风险应对,并实施新的风险应对计划,这样循环往复,保持风险管理的动态性才能达到风险管理的预期目的。

5.4 施工管理项目赶工风险分析

5.4.1 施工管理项目赶工措施分析

常见的施工管理项目赶工措施分析包括以下几个方面。

5.4.1.1 经济分析

常用的赶工经济措施是指通过资源的超常量投入来保证项目进度的完成。其中增加资金投入是最常用的方法,此方法包括增加劳动力投入、材料投入、设备投入量等措施,这种方法所起的效果比较明显,效率更高,但同时会带来以下一些问题。

(1)资金增加。会造成用工成本的增加,比如增加劳务费用,以及材料费用、设备费用的增加,同时在一定程度上会造成资源的浪费。

(2)增加投入。在实际操作中,资源充足会降低"节流"意识,从而降低资源的充分利用,最终会导致资源使用效率的降低,不利于项目的经济性。

(3)资源供应紧张问题加剧。如果在资源有限的前提之下,会打破项目之间的资源分配计划,导致分项目之间或者工序之间的资源供应竞争加剧,不利于分项目或者上下道工序的顺利完成,最终会积累整体项目的系统风险。

5.4.1.2 技术分析

赶工技术措施通常以加快施工进度为目标,通过改善工具、分工、工序、修改方案等措施缩短工期,达到小于计划时间完成项目的效果。常见的技术措施有:

(1)从工具角度改进,购买先进设备、改善现有设备,通过工具生产效率的提高促进项目进度的提高。

(2)从劳动生产率角度提高,提高劳动生产率主要考虑人的因素,主要包括人员的选拔、分工、协作等方面进行优化,避免由于人员的问题拖延工期。虽然提高劳动生产效率对施工

进度加快有明显的效果,但仍需要注意以下问题:

①培训强化造成的负面效应,一方面会造成培训费用的增加,另一方面会压缩培训时间,造成人员学习不深入,在后面的施工中可能会出现错误,给项目带来潜在的风险。

②分工与协作要达到最优状态并不是一蹴而就的,需要不断的调整与磨合,会造成人员之间协作的不适应,短时间内难以达到最佳的工作状态,可能会降低劳动生产效率。

③激励机制不适用,如奖金、荣誉的分配,需要适应组织的现状与特点,做到公开、公正、公平。

④改善工作环境与配套设施,创造良好的工作环境可以促进人员的劳动产出,但会增加资金的投入,因此需要权衡资金与效率的合理搭配。

⑤避免人员之间产生矛盾,发生纠纷,在项目施工之前建立明确的制度,明确责任,尽量避免类似事情的发生。

(3)改变工序、工程活动原有的逻辑关系,将上下道工序调换,或者将原来的平行工作关系改为流水线工作的方法。这种技术分析方法会带来以下问题:

①因为工序调换后可能有利于当前施工进度,但与整体施工进度的某个环节会产生矛盾。

②资源的限制,平行施工改为流水线施工需要资源投入,加剧资源供应紧张。

③工序改变后短时间内人员难以适应造成的现场混乱与低效问题。

(4)合并工作步骤,将临近的工作步骤合并,分配给本步骤的人员,以达到缩短整体施工流程,最终达到缩短工期的目的。

(5)对施工方案进行修改,比如在建筑施工过程中将混凝土现场浇灌改为场外预制,这种方法常出现在国外一些经验不足的国家,由于缺乏技术人员,劳动素质较差,无法在短期内完成培训,在这种情况下比较常用,修改施工方案后可提高施工进度。但同时需要面对成本超支的问题。

5.4.1.3 合同分析

合同措施主要针对分包商进行管理,常用的合同措施有缩短与分包商签订的合同工期,在合同中约定施工进度协调条款等方法。合同措施在整体施工中作用不太明显,但不需要增加投入,对整体方案不会产生较大影响,但需要有与分包商较强的谈判能力。

5.4.1.4 组织分析

组织措施的常用方法有通过规章制度对关键人员进行管理,包括其具体任务和工作责任等;将施工进度系统化,建立进度控制的组织系统;将总体进度目标进行分解,建立目标控制体系,比如按照施工工程的结构、进度、合同措施等进行工程分解;明确与施工进度控制有关的工作制度,如明确时间、方案、会议、参会人员等;寻找影响进度的原因,通过原因找问题并进行预测。

(1)重新对现有资源进行分配,比如协调不同部门的人员参与施工过程,可以将非施工部门的人员投入生产工作中,但同时需要进行风险管理,避免非生产部门人员投入生产后产生事故;对现有生产人员采用加班或者轮班制的工作制度。

(2)在实际的施工过程中,对一些不必要的工作步骤进行删减,或者减少外包项目,这种措施虽然能提高工作进度,缩短工期,减少资源额投入,但也有可能产生以下影响:

①对整体工程的完整性、经济性、效益性产生影响,或者可能造成工序的临时停工。

②实操制约性比较大,必须经过多层商议,比如上层管理者、投资者与建设单位等。

5.4.1.5 信息管理分析

信息管理分析主要采用报告的形式,通过不断采集现场施工的数据与计划进度进行比较,发现其中的问题与不足,定期向施工建设单位提供比较报告。

5.4.1.6 采用赶工措施时可能导致的风险问题

(1)在选择措施阶段导致的风险问题:

①选择的措施不符合工程的总体目标与总体战略,最终导致项目无法正常完工。

②选择的措施没有考虑实际情况所导致的无法执行的问题,如果不加以修改,可能会背离原有的工程目标。

③资金投入限制,这样可能无法实行其他的工程措施,导致计划搁浅。

④对施工建设单位、供应商以及分包商管理效率低,无法按发包商要求进行合作,导致验收不合格的问题,最终导致原有的目标无法达成。

(2)在后续工作计划的制订过程中,这些措施与工程的其他措施不能协调导致的潜在风险。

(3)实际操作与计划相矛盾的风险,管理者可能制订了比较周密的计划,但在实际工作中却发现无法执行,不仅没有提升效率,反而拖延了工期,常常达不到预期的效果。导致这种风险的原因一般有以下几个方面。

①这些计划是无正常计划期状态下的计划,常常是不周全的。

②缺少协调,没有将加速的要求、措施、新的计划、可能引起的问题通知相关各方,如其他分包商、供应商、运输单位、设计单位。

③人们对之前造成拖延问题的影响认识不清。例如,由于外界干扰,到目前为止已造成两周的拖延,实质上,这些影响是有惯性的,还会继续扩大。因此,即使现在采取措施,在一段时间内,其效果还是很小,拖延仍会继续扩大。

5.4.2 施工管理项目赶工风险控制的办法

1.风险回避

风险回避是指工程方有意识地去避免某些风险的发生,比如在遇到极端恶劣的天气条件下,会采取暂停工作的措施。这种办法是一种比较消极处理的方式,因为回避风险,意味着也会失去投资的回报,放弃了潜在的收益。所以一般在遇到以下情况时,我们才会采取风险回避的办法来控制赶工风险。

(1)工程负责人对风险存在极度厌恶,不想进行有风险的工程。

(2)存在有同样可以完成工程进度的方案,但是其风险概率会更小。

(3)工程负责人没有办法转移或者是消除这种类型的赶工风险,比如说恶劣天气等自然因素。

(4)工程负责人没有办法承担这种类型的风险所带来的结果,或者说这种风险的结果的损失大于它的经济效益。

2.损失控制

损失控制并不是放弃风险的一种控制方法,而是制订一系列的计划或者是措施来控制风险,使风险的概率降到最低,可以分为事前控制、事中控制和事后控制。事前控制在风险发生之前,通过一些预防的措施来控制风险的发生。比如说,为了预防新冠病毒传播,我们会事先接种新冠疫苗。这种控制风险的方法主要是为了降低损失的概率。事中控制是指通过现场的观察或其他方面的反映,及时发现问题并加以控制。事后控制是指工程的结果和事前计划方案的结果产生了偏差,对比分析出这次工程所产生的问题是什么,从而有效地纠正下一次工程建设的问题,降低赶工风险。这两种方法主要是为了降低赶工风险中实际所发生的损失。

3.风险转移

风险转移是指通过契约将赶工风险转让给受让人的一种方式。通过这种方式,可以大大降低工程负责人的风险概率,主要包括合同转移和保险转移两种形式。

(1)合同转移。通过签订合同可以把部分风险转移给其他参与者或者是利益相关者。

(2)保险转移。这种办法是目前采用最多的一种形式,不仅仅用在赶工风险的控制领域,甚至用在个人人身安全风险控制领域。在赶工风险中表现在为员工购买人身意外保险,发生意外时可以大大降低工程负责主体的风险概率。

4.风险保留

风险保留是指风险承担,如果损失风险一旦发生,工程负责人可利用任何支付资金进行支付,包括有计划的自我保险和无计划的保留。

(1)有计划的自我保险。有计划的自我保险是指在风险发生之前,通过做出各种资金安排以确保在风险发生之后,能够及时得到补充经济的支持。也就是说,工程负责人会预留一笔资金来进行有计划的自我保险,当赶工风险出现之后所造成的损失,就会用这一笔钱进行补偿或周转。

(2)无计划的保留。无计划的保留也就是说,在赶工风险造成损失之前,没有预留出相应的资金来面对这种情况。赶工风险所造成的损失,都是由收入来支付。当工程负责人没有意识到风险,或者认为赶工风险出现的概率比较低时,一般会采用无计划的保留方式。当这种方式在实际损失远远大于自己所预计的损失的时候,就会造成资金周转困难,从而导致工期的延误。严重的话,就会使工程进行不下去,就像现在房地产行业的很多烂尾楼,也是有这种方式的存在。

5.5 施工管理项目赶工风险管理模型的构建

建设工程关系国计民生,其质量关系到经济、生态等多个方面。建设工程质量形成过程包括质量目标决策、质量目标细化和质量目标实现三个阶段,贯穿于建设工程决策、设计、施工、验收等环节。建设工程质量形成过程的基本单元是工序,而每一道工序质量取决于参建各方,可见,不同参建方的质量行为决定了建设工程实体质量。建设工程极易受到气候、地形、地质等因素的影响,施工技术的难度与参建主体能力的不匹配使得质量形成过程碎片化现象更为突出,导致建设工程质量波动性较大,产生较大的质量风险。建设工程质量风险管理系统是一个庞大而复杂的系统,它能够通过各种载体和介质(如信息、技术等),将上游参建方的质量风险传递到下游参建方,并且有可能产生连锁反应和放大效应,进而影响整个工程质量。例如,某玻璃厂扩建厂房,在原来天然坡度约 22°的岩石地表平整场地,即在原地表向下开挖近 5m,并距原蓄水池 3m 左右。项目前期项目法人(或业主)对于关键部位的安全技术鉴定存在组织不当、鉴定人员资质不足等问题,影响了施工单位对于平基施工中边坡岩体质量等问题的认识和处理,质量风险逐渐扩大,最终导致该工程完工后第二天边坡岩体突然崩塌,岩体及水流砸毁新建厂房两榀屋架,造成工人 3 死 5 伤,酿成了一起重大质量事故。目前,关于风险传递的研究引起了不同领域学者的广泛关注,主要集中在金融市场风险、企业风险、供应链风险等方面,本章着重介绍建筑项目风险方面。

建设工程的结构特点决定了建设工程本身存在内生的脆弱性,在早期往往具有潜在传递能力的质量风险源,对链式建设程序的依赖性使得质量风险极易传递给下游参建方,质量风险发生前存在一定的潜伏期,且在未显病症之前一直处于隐显状态,由于内外部影响因素的复杂性以及传递过程的动态性,节点状态不断变化,同时参建方的免疫性是具有时效的,使得质量风险传递呈现出复杂化。由于建设工程具有参与主体较多、工序繁杂等特点,导致建设工程建设过程、从业人员专业水平、信息碎片化等,而参建方自身的质量能力以及处理质量风险的能力又直接影响到工序的实体质量。传统的质量风险管理理论和方法往往从风险识别、风险评估、风险响应、风险控制的视角进行研究,分析人、材料、设备、施工方法、环境等风险因素,从而给予相应的对策建议,并未考虑各参建单位之间的质量联系,没有对质量风险传递过程的影响加以较深入的分析。而建设工程形成过程的质量会影响建设工程的整体质量,政府监管部门难以实行全过程、全方位的监管,为此,需要把握建设工程质量风险传递的内在规律,实现预警诊断,从而可以有效地控制建设工程质量风险。对于不同的项目管理模式(工程平行承发包、工程总承包)对质量风险传递的影响存在差异,为了全面把握建设工程质量风险传递规律,本章从项目提前期和施工时间对项目目标的影响着手,在现有研究基础上,针对质量风险传递的内在机理和影响因素,考虑风险动态演化过程,从而为行政主管部门的有效监管以及对业主、监理工程师、承包商等市场主体的有效控制提供依据,也为落实间接监管和事中事后监管提供理论支撑。

5.5.1 建设项目综述

业主方是项目规划、实施和制定目标时的主要利益相关者和决策者。它们定义了里程碑和相关的时间表,这就是为什么它们对单个项目阶段的质量和工艺标准有重大影响,并对建筑或结构的整体质量产生影响。项目文件的质量取决于充足的(正常的)项目准备时间,并从根本上决定中断的频率和程度以及额外成本。对于业主方来说,这个设置导致了一个主要的"顶点",决定了项目的可控性。这个时间点由合同授予决定。在规划、招标和合同设计方面达到的质量标准对项目在随后的建设和运营阶段取得成功至关重要。业主方随后将不得不承担任何额外的费用或处理由于先前的缺陷或缺点而导致的质量下降。在授予建筑工程时,工程开工日期和完工时间或施工时间将作为具有约束力的关键合同组成部分予以商定。

承包方需要将指定的施工时间视为影响既定和商定的项目目标实现的主要因素。在设计大纲中指定的任何极高的质量标准,例如关于暴露的混凝土,都需要一段与这些要求相称的时间。

施工时间不仅对施工工程的成本效益有很大的影响,而且对业主方想要达到的整体项目成果也有很大的影响。如果业主方为他们的项目指定了短或极短的建设周期,他们将会对自己造成伤害。这同样适用于项目准备,特别是设计和投标阶段的时间。由于时间压力,任何糟糕的项目设计、投标和执行都会对工艺产生不利影响,同时也会影响建筑或结构的使用和再利用。由于施工过程的中断,成本、时间和质量目标都面临风险。

施工时间过短和过长都会对生产率产生不利影响。如果施工时间短或极短,将对生产要素的高效、有效利用产生重大影响。这适用于基础(工人、材料、设备和机械)和自由裁量(项目经理、现场经理、技术人员等)的生产要素。在许多情况下,业主方不会意识到这一影响,或只是考虑不足,或完全忽视它。

本章概述了施工时间、劳动力消耗率、生产率和施工成本之间的基本关系,从而在施工管理中对项目赶工风险传递进行理论模型的构建。在查阅相关文献资料后,以便能够更科学有效地构建理论模型。此外,它还着手确定施工时间对成本计算的影响,从而确定对施工过程的影响。施工管理人员将认识到密切监控那些影响施工时间的施工相关因素的必要性。

另一个值得注意的因素是施工时间的逐渐缩短。通常情况下,在施工时间不变的情况下,所要进行的工作范围将会增加,从而对承包商必须进行其工作的情况产生不利影响。因此,承包商将被迫以小的增量加快他们的工作流程,以便能够达到指定的施工时间,从而导致赶工风险传递。在某些情况下,如果事先没有按照合同规定的期限将偏差通知业主方,这将导致大量额外费用,这笔费用通常由承包商承担。

本章的主要目的是创建一个更好的理解促进和抑制生产力的因素,同时提高对可能的施工过程干扰的认识,并且构建赶工风险传递理论模型。一方面,将进一步提高生产要素的效率和有效利用;另一方面,将更容易确定和经常评估超出临界值的参数和值,从而导致生产力的损失。

这种方法将加强承包商与业主方互动的地位,合理的额外费用要求可以更快地确定和更容易地执行。甚至在投标阶段开始之前,业主方就可以评估指定的施工时间的影响,如果有需要,还可以比较工作执行的预期额外成本和较早的项目完成日期带来的好处。在这种比较中,由于指定的施工时间非常短,所以在建筑物的使用和再利用阶段产生的任何额外成本都必须单独考虑。

5.5.2 建设项目目标体系

仅仅考虑成本、质量和时间这一众所周知的"魔法三角"显然不足以实现既定的项目和运营目标。要在所有层面上取得项目成功,本质上需要将这个三角形扩展为六边形,以便在规划和预测时考虑到其他相关因素。这个整体的观点还将过程质量、对中断的弹性和数量的标准集成到目标系统中。

在一个综合的方法中,质量、时间、成本、数量、对中断的弹性和过程质量将被认为是关键的决策或设计标准,为了能够充分详细地评估建设项目,需要更彻底地分析这些标准。在这种情况下,项目的质量是决定成功的因素,因为它将影响房地产的可变现市场价格。此外,项目的质量是额外成本的主要驱动因素,因为更高的质量标准通常意味着更长的维护周期(例如,由于表面的坚固性和易于维护),从而优化建筑使用。相关的决策例子包括钢板与铜屋顶或水基与矿物基涂料。在分析时间方面时,必须考虑到越来越短的产品生命周期也会导致更高的成本。在这方面,应当指出,潜在成本受到银行提供的信贷额度的限制。在建筑行业,对采用整体项目管理观点的需求越来越大,这就需要将传统的成本、截止日期和质量的"魔术三角"扩展到项目目标之外,以定义一套新的、更全面的运营目标。这些主要包括生命周期成本、可持续质量标准和与时间有关的长期目标,包括保修、服务协议和其他合同。因此,我们发现,目前定义的项目目标集已被证明在质量和截止日期方面是完全合适的,因为成本基本上可以被认为是业主方预先定义的参数。此外,应选择一种生命周期方法,以防止上述严格集中的目标设定过程,并朝着与长期目标挂钩的采购战略迈进。

选择的机会/风险比是实现既定目标的必要条件。例如,如果选择非常短的项目交付时间和非常紧张的提前计划预算,那么产生非常低的项目准备成本的可能性就非常高。然而,这种方法将与未达到所定义的项目目标或根本没有达到它们的高风险相关联,从而无法实现最初预期的利益。

5.5.3 项目前置时间和项目目标

如果项目提前期太短或太长,成本将增加。这将会有越来越多的中断和纠纷,特别是如果交付时间太短或被多次缩短,这种情况会导致更高的构建和项目成本,从而增加使用成本。虽然业主可能已经初步起草了一份完善的施工合同,但由于相关的项目管理、规划招标、工艺组织等不符合要求,该合同可能不适合后续解决每一个问题。问题的关键在于,建设工程的总组织和总协调者,他们需要足够的时间去预算如何达到正常的生产力水平。由于"项目压力",加上极度紧张的施工周期和预算时间,往往使它成为各个项目难以解决的问题。

非常短的项目提前期所产生的额外成本是很难量化的。与此相关的一个大问题是,当应用净现值法时,必须将这些成本"贴现"到参考时间点。在这种情况下,不可能用比较正常或较短的项目提前期的贴现率去计算总成本。如果项目交货时间太长,也会增加成本,因为项目所需的额外计划和组织活动,往往会导致人力物力和财力的增加——针对最终的项目成果。如果考虑新的工作计划和指导方针,或者修改融资协议,业主方管理结构也会发生变化。而且,非常长的前置时间还可能导致质量标准降低。在项目执行阶段,生产系统是我们关注的焦点,可达到的生产力水平基本上是由生产系统的效率和有效性决定的。

5.5.4 生产力和生产系统

生产力是建筑管理和经济的关键绩效指标。它是规划、成本计算和实施建设项目的关键参数。它用于评价单个工作步骤或整个生产或经济过程的有效性,用产出/投入比表示。

5.5.4.1 生产系统

除了基本生产要素(即劳动力、设备和材料)外,总生产力还间接地受到可自由支配生产要素的影响,包括与计划、管理、控制、选择、组织、沟通、文件、决策等相关的活动。

在此背景下,确保生产要素的合理选择和组合至关重要。这些因素对消费和绩效效率有直接影响,从而对生产率水平有直接影响。这些值还决定了是否可以达到正常的"生产力"水平。但是除了遵守生产要素的限制还够,还需要尽可能地利用现有资源,以补偿生产力所产生的损失。我们应该全面看待生产要素,而不是为了优化其中一个或几个而牺牲其他因素。

生产要素组合的成本效益主要取决于建筑物或结构的类型、形状和复杂性,以及管理工作绩效的条件。此外,可实现的总生产率取决于所需的质量特征和数量、施工时间、现场环境、天气条件等。对于任何建筑或结构,对生产系统的影响应该根据项目阶段进行或多或少详细的分析评估。

关于外部生产系统的要素,在编制投标报价(非详尽清单)时需要回答下列问题:

(1)施工时间:是否指定了"正常"施工时间?指定的时间是否超过或低于正常的持续时间?

(2)工程项目环境:如何评估工程所在地区、邻近储存区及材料加工处理区的工程项目环境?

(3)天气状况:关键的操作,如浇注室外的混凝土,是否能安排在施工条件较差的季节?

(4)质量:混凝土表面有哪些要求,例如 SB3 类规定裸露混凝土?

(5)数量:钢筋需要的数量(例如总钢筋量 5000 吨的插入)?

(6)建筑类型、形式和复杂性:建筑的布局和楼层设计是什么样的?结构组件和建筑工程的标准是什么？配筋率有多高？弯曲的形状分布应该是什么样的？

基本生产要素和可自由支配生产要素(即它们的类型、数量和组合)都必须记录下来,以便评估和分析已达到的(或可达到的)总生产力。我们还应该建立全过程、全方位、全调度等方面的关系。

a.内部生产系统

内部生产系统依赖于内部生产条件。内部生产条件是指对基本生产要素的类型、数量和组合等的方面考虑,这些分析集中在按照合同约定完成指定工作所需的人工、材料和机械上。需要协调相关的时间、工作区域和工作强度,以便不超过生产率损失的阈值,而且可自由选择的生产要素对于确保这些组件合理的组成和满足功能要求至关重要。

内部生产系统与外部生产系统是紧密相连的。

b.外部生产系统

外部生产系统影响内部生产系统,是构成可实现生产率的关键决定因素。承包商不能自由选择这些条件,这些条件只能在特定的情况下影响他们(例如,在工厂建筑中的预制构件)。内部生产系统应该适应这些已定义的条件,施工合同中约定的条款确定了承担这些执行阶段调整费用的当事方。否则,该事项也可能成为双方之间的争议主题。外部生产系统包括施工时间、项目环境、天气状况、规定的质量和数量、以及建筑的类型、形式和复杂性。

(1)施工时间

施工时间对生产率水平影响较大。如果施工时间偏离"正常",特别是施工时间过短,生产要素之间的平衡就会受到干扰。同样地,如果建造时间太长,在一定程度上也会破坏这种平衡。

(2)项目环境

项目环境构成了计划和实施项目的环境,它对项目有很强的影响。此外,ICB－IPMA(能力基线)描述了项目环境执行确定和评估功能,这意味着它既是项目的起源,也是项目的评估实体。ICB 提到了一些决定项目与其环境之间相互作用的因素。更具体地说,这些因素包括物理、生态、社会、心理、文化、政治、经济、金融、法律、契约、组织、技术和美学因素。执行项目环境分析是为了定义特定的项目环境。该分析构成建设单位和承包商合同的一部分。

(3) 天气状况

天气状况包括某一特定地点在数天或数周内的一般、平均或普遍天气状况。对天气影响的分析要特别考虑降水、温度、风和湿度等因素。天气描述了某一地点和某一确定时间点的天气状况，关键因素包括辐射、大气压力、气温和风的气象成分，以及派生的云量、降水和能见度等因素。天气是主要发生在对流层的过程（即随时间的变化）的快照，一天可能会变化好几次。

任何对天气影响的详细分析都需要依赖某一时期收集的天气数据。

(4) 质量和数量

作为与施工相关的生产系统的决定因素，质量是指项目在技术和设计方面的执行。有大量的证据表明，由于短的施工时间或极短的施工时间而导致的工作速度的增加也会导致错误率的增加。出现这种现象，是由于工作速度加快导致更多的工人出现管理不协调的情况。因此，在数量上，在质量上，劳动力将不再是最优的组合，需重新组合新的生产要素。

数量影响熟悉效果的实现程度，以及遵守合同商定的施工进度和项目里程碑事件所需的平均绩效，采购条件也会受到所需数量的影响。

(5) 建筑类型、形式和复杂性

在考虑建筑或结构的类型时，我们需要区分，如多层建筑、工程结构和工业园区。具体的效果是由结构部件的类型、尺寸和结构框架的设计决定的。在钢筋混凝土建筑中，模板周转率和配筋率对可达到的生产率水平有重要影响。

在多层建筑中，单个建筑截面的重复程度、结构框架的跨度以及建筑的轴向网格都是非常重要的。此外，在这种情况下，结构部件或整个建筑的高度需要特别注意。作为经验法则，我们可以假设，建筑工作所需的劳动力数量会随着日益精细的建筑布置和有限的场地情况而增长。

所有项目利益相关者都必须在结构设计、模板和混凝土技术以及施工管理等领域展示深入的、网络化的知识，特别是在单个结构部件或整个建筑指定高级混凝土要求的情况下。在这种设置中，确保工作段布置的高度灵活性也是至关重要的。选择承包商在确定工作区段的大小和数量方面享有的自由越大，施工过程就会越有效率。比起分割成几个部分，整体施工需要更多的时间和精力。

对于承包商来说，分段完成比整体完成更可行。前者是首选的方法，因为它需要更少的时间和金钱。在时间方面，由于单个部分更小的事实，使得施工过程更有效率。此外，大量的工作段所带来的熟悉效应对时间、质量和成本都有积极的影响。整体施工在建筑和结构设计、现场管理和施工经济方面都有局限性。设计师在准备图纸时就应该意识到这些限制。

质量方面也由整体结构的维度所决定。施工过程中混凝土截面越大,在模板中观察生产要素组合的精度就越低。监测混凝土在模板中的浇筑、铺展和压实是保证成品质量的关键。在高度超过3米和倾斜构件的工作区段,质量控制尤其困难。这一缺点导致混凝土分布和压实不均匀,对最终结果有直接的不利影响。

为了评估生产系统的困难程度,有必要全面考虑建筑的许多关键特征,以便能够尽早在初步定价阶段就尽可能实际地估计相关影响。在此早期阶段收集的项目信息将具有约束力,并在随后的合同授予中与合同相关。因此,承包商今后对定价风险的任何评估都必须根据投标规格、业主方提供的信息、计划和图纸等因素进行核实。为了评估建筑物或其结构部件的类型、形式和复杂性的影响,应特别注意平面图和图纸。

施工平面图会揭示结构部件的排列是有规律的还是无规律的。例如,承包商能够发现组件表面是平面的、弯曲的还是双弯曲的。图纸还能提供任何倾斜支撑区域以及间隙的指示。为了最终降低定价风险,作为定价工作的一部分,无论投标中合同要素的顺序如何,都需要检查建筑规格和计划的符合性。作为投标方应该承担的责任还包括应检查计划和图纸的规格和招标文件之间的潜在不一致。

5.5.4.2 劳动消耗率

劳动消耗率是评价劳动密集型活动和建设经营、经济预测最重要的指标。这个度量可以与从生产系统派生的需求建立直接的联系。

劳动消耗率被用作投资估算和计算施工成本,还用来确定施工时间的关键参数。输入参数的不确定性和范围可以随着建筑数据和信息的知识增加,它们也会随着生产系统潜在行为影响的增加而减少。

任何深入的投标评估都必须彻底考虑劳动消耗率,特别是劳动密集型工作。工资部分是由所有单价合同的平均工资价格和消费率的乘积派生而来。更具体地说,用于计算平均工资价格的成本计算表格,可以将工资部分除以平均工资价格,从而得到投标人对特定工作项目适用的劳动消耗率。如果这些计算出来的劳动消耗率导致每单位数量的有薪工作小时数非常少,这可能表明工资过低或社会倾销。然而,这也可能是由于不恰当地将价格组成部分包含在不同的项目中。对于劳动密集型活动,有与流程相关的和技术的最低门槛(作为衡量"不合格"的劳动消耗率的标准)。在具体项目分析中,由于天气、环境、质量和数量、项目环境,以及建筑的类型、形式、复杂性等因素的影响,劳动消耗率通常会远远高于这些下限。

(1)计算

相对于劳动生产率,劳动消耗率(LCR)是劳动密集型工作定价和调度的关键指标。在建筑管理和经济背景下,劳动力消耗率用于计算工资成本以及绩效价值和施工时间。通过带薪工作时数(PWH)除以生产量 PO 就可得到劳动消耗率。

$$LCR = PWH/PO \tag{5-1}$$

其中,LCR 表示劳动消耗率;PWH 代表带薪工作时数;PO 表示生产量。

劳动消耗率的大小影响劳动生产率,从而在本质上影响个别过程步骤和部分产生的绩效。劳动生产率受到工人对所学习的工作类型的正常表现的影响。当将正常绩效的概念与劳动消耗率联系起来时,我们可以在此背景下引用"正常消耗率"。

在投标阶段,劳动消耗率是计算成本和时间的主要依据。在工艺规划阶段,劳动消耗率是计算单个工艺步骤持续时间的一个组成部分,因此也是计算整个生产过程和相关资源利用的一个组成部分。从施工阶段获取的数据被系统地记录下来,例如用于最终成本计算和现场控制目的。在获取特定类型工作的总小时数和特定生产性能值之后,我们使用式(5-1)来计算活动或过程的消耗率。

特定任务所需的时间取决于大量的影响因素,包括单个工人的表现差异、所用设备的类型和条件、使用的材料、工作场所条件和组织质量。这些影响的强度可能随时间而变化,它们也可能相互影响。这意味着,即使在相同的工作条件下,特定类型的工作所需的时间也会因项目而异。

从承包商的角度来看,在计算投标阶段的劳动消耗率时,应始终考虑来自内部和外部生产系统的影响,最终的值应该总是建立在评估机会和风险比率的观点上。如果选择了一个非常低的值,那么在后续执行阶段达到或甚至低于该值的基线和潜在机会也将非常低。

(2)劳动消耗率分化

在计算和使用劳动消耗率时,必须根据所考虑的项目进行区分,即工资成本和施工时间,并界定工作范围。应区分与所需时间有关的消耗率[指示性(计件)消耗率]和用于成本计算的指示性消耗率。

因此,我们基本上需要区分用于计算建筑成本的劳动消耗率和用于挖掘建筑时间的劳动消耗率。在成本计算工作中,必须按照合同约定的工作来计算所有活动所花费的总成本工作时数。当确定构建时间或准备项目进度时,重点需要放在沿着关键路径的单个活动所花费的时间上,必须考虑到这些活动之间的抵消。为了工作调度的目的,必须考虑在任何延误的情况下会影响最终完成日期的关键路径。非高峰时段的工作,与关键路径无关,在工作安排中只起到边缘作用。这就是为什么调度的最终消耗率(沿着非关键路径的时间更少)将低于沿着关键路径的活动所确定的消耗率。

5.5.5 施工时间对规划过程的影响

如果施工时间太短,这也会对流程产生影响,并容易破坏规划过程。如果用于规划的时间减少,规划和协调的质量就会受到影响。任何时间的缺乏都将极大地影响一个特定工作组的协调过程,甚至会影响其他涉及的行业和学科的协调。具有指定的非常短的施工时间的项目必须非常彻底地准备,以确保高质量的结构和后续的计划和执行接口的管理和控制。即使单个设计师无法遵守商定的项目进度,破坏也会在施工过程中开始堆积和累积(放大)。最糟糕的情况是项目开工后,一名甚至数名设计师因病缺勤,这可能导致施工日期的拖延,对施工影响是很大的。

业主方需要彻底分析指定短或极短的施工时间的利弊。经验表明,几乎总会有设计师和承包商在签订合同时保证遵守所有合同约定的目标,但后期由于规定的短施工时间和商定的价格而无法实现这些目标。

为了提前规划,更仔细地回顾过去似乎是有用的。下列对期望项目成功的因果关系和建议可以从已完成和正在进行的项目中得到,并应予以考虑。

(1)施工时间越短,项目目标未能达到的程度越大(特别是在项目准备不足的情况下)。

(2)施工时间越短,规划或投标质量越差(例如,导致生产力损失而未获额外成本索赔补偿)。

(3)施工时间越短,早期的设计师需要协调他们的工作和服务,更好的组织和管理接口需要单位时间内召开的会议次数越多。

(4)施工时间越短,会议越短,决策间隔越短。

(5)施工时间越短,剩下的决策时间越短,就需要在更短的时间内做出更多的决策。

(6)施工时间越短,在投标阶段的开始阶段,项目计划的完成程度需要越高。

(7)施工时间越短,在施工开始前所需的项目管理细节程度越高。

(8)施工时间越短,对土壤和建筑物(如改建或扩建现有建筑物)进行的勘测越彻底。

(9)施工时间越短,项目越容易受到中断、额外成本以及质量缺陷的影响。

(10)施工时间越短,在出现规划和设计错误时,响应和处理时间会越短。

(11)施工时间越短,对施工过程中断的弹性越低。

(12)施工时间越短,必须同时运行的进程或工作步骤的数量就越大。

(13)施工时间越短,剩下的纠正行动的时间越短,这些行动的有效性就越低。

(14)施工时间越短,项目总成本越高。

5.5.6 施工时间的意义

施工时间在许多方面影响项目。该参数不仅在施工项目管理和经济方面具有相关性,而且从法律角度也具有相关性。施工时间影响总工程质量和部分工程质量,以及施工过程中断的次数,从而增加成本索赔。

一般来说,必须安排足够长的时间来准备投标和施工活动,以及现场的实际工作。在确定正常施工时间时需要考虑的其他因素包括季节影响和特定的场地条件,以及其他影响因素引起的可预测困难。

施工时间短,而建筑质量要求高,而且在不利的季节条件下施工尤其容易出现问题。

1.对施工管理的意义

以下部分将讨论施工时间对生产力、施工过程、物流和现场动员的影响。

(1)生产力

如果施工时间变得越来越短,那么生产率就会超过或低于临界值,从而导致生产率的损失。损失也会发生在较长的施工期间,尽管损失程度较小,但因为更多的时间可以投入到工作中,非生产和分配时间的比例增加,反而使得单位时间生产率下降。

(2)施工过程

在正常的施工期间,可将同时进行的过程的数量限制在所需的最低限度。同时进行的活动是在生产和技术方面有意义的地方进行计划的。指定的施工时间越短,关键路径沿线的工程对中断的反应就越敏感。

三维生产顺序、工段数量和施工工艺对劳动生产率也有显著影响。如果生产要素或部分生产要素在同一工作水平(即相同的最低水平)多次实施,将产生生产率效益。

只有将工作流程设计得最合理最协调时,生产力才能达到正常水平。除了对施工过程和物流进行规划外,还应该根据工作区域的大小和顺序进行充分的设计,生产要素的适当组合。

如果建筑的施工时间稳步减少,对资源的需求将不可避免地增加,单位时间内需要部署的工人数量也将增加,这也将导致工作区域和工作空间的需求增加。如果可用的工作空间太少,工作就不能按照正常的工作流程进行,会出现相互阻碍的情况。对于广泛的水平组件,每个工人的平均最小工作面积是达到"正常"生产力水平的必要条件。对于平面垂直组件,要求每个工人的最小工作长度也是达到"正常"生产力水平的必要条件。

在操作之间,必须小心确保临界近似,否则,生产过程将相互阻碍。在任何情况下,不建议计划没有缓冲的生产顺序,因为内部或外部生产条件可能导致中断。

例如,

①钢筋的安装进度比模板的安装进度快,因此没有达到临界近似。

②模板的安装进度较慢,而加固工作已按计划完成,因此也未达到临界水平。

③钢筋安装进度一般比模板安装进度快。

不管活动的类型是什么,这是为了证明,如果第二个过程已经在临界近似处开始,并且完成得比第一个过程更快,则中断将会发生。同样,必须注意对以后的过程所产生的影响。

在规划工作空间时,必须考虑以下几个方面:

①在所有阶段(模板安装和拆模、清洁、活化、重建、搬迁等)均应做到安全工作;

②职业健康方面;

③临界近似于前施工段;

④后施工段的临界近似;

⑤发生生产力损失的阈值;

⑥技术方面;

⑦生产相关方面;

⑧由工人操作的设备和材料的尺寸。

应该指出的是,工人数量的增加通常也会导致工作部门的增加,从而导致施工缝的增加,这反过来又会增加所需的劳动力数量。

（3）物流

施工时间越短，运输强度越大。因为施工时间的缩短，而运输的数量不变，这将会加大每个工作日的运输量。此外，在较短的施工期间如果更多的工人受到等待时间的影响，材料瓶颈对整个施工过程的负面影响远远大于正常施工时间的情况。

如果施工时间缩短，下列情况往往会导致运输强度增加：

①运输过程的总数大致保持不变；

②运输过程的总数量变大。

2.对建筑经济学的意义

工程的类型、施工的环境、工程量和质量以及施工时间都是决定成本和价格的因素。通过指定施工时间，减少风险，从而有利于业主控制成本。过短的施工时间（超过了设备或劳动力的生产性使用的最大价值）会导致生产率的损失，从而导致更高的成本。

如果规定了正常的施工时间，承包商将尽量以最好的方式组合他们的生产要素，以便他们能够按目标成本完成合同所约定的工作。

如果几个施工段同时工作，短施工周期由于资源供应难度加大，协调工作将增加，可能会导致生产率的降低。对业主方来说，影响项目成本主要是由于较高的投标价格，以及承包商可能提出的大量额外索赔。一方面，市场灵活性的降低，从而导致生产力的下降；另一方面，缩短工期会导致劳动力增加，由于使用了大量的长期雇用的工人或临时辅助人员会加大索赔费用。

短的施工时间也往往促使承包商转向过低的工资或社会倾销，因为这些工程或其中的一部分的工程，不再能够由其内部的生产力完成了。非法工资和社会倾销是为了增加利润，但这显然是为了避免因投标过低而造成的损失所找的借口。

3.质量的意义

短的施工时间通常会对质量产生不利影响，因为生产要素必须快速地组合起来。在许多情况下，这种情况可能会由于技术限制不足产生问题，从而导致质量损失。某些材料需要时间（例如凝固或干燥）来发展其所需的特性，如强度、黏结或承载能力，工期过短可能会导致强度不够，从而影响工程质量。此外，如果需要额外的工作人员，承包商将不得不求助于不具备部分技能的临时或辅助工作人员，这些工作人员不具备与长期雇用工人相同的培训水平。因此,出现错误的情况可能会更频繁地发生。

4.施工过程中断的意义

在施工过程中断的情况下,必须按照合同分担风险和承担相应的工期和费用损失(额外成本或更长的工期),合同的每一方都有必要从自己的角度来处理原因。承包商通常会向业主方提出额外的费用索赔,即使这样的主张是合理的,通常也会对他们的资金规模产生分歧。

如果承包商通过他们的记录(如施工日记)来证实他们的生产力损失,业主方往往会产生怀疑。例如,定价错误的影响、不充分的工艺规划或者选择了不合适的施工方法(业主会怀疑承包商自己应该承担的责任)也隐藏在索赔中。因此,承包商或者承包商授权委托的专业人士将通过模型计算,试图证明其索赔的价格充足性。

5.法律意义

根据合同的具体规定,委托方的指令权仅限于本合同所规定的工作。如果后期出现工程变更来实现设想的结果,变更的工作可能会导致费用增加或减少。此外,工作执行得更慢或更快,根据这些变量,合同各方将有权获得调整后的货币补偿或规定的施工时间的变化。在这种情况下,也可以想象这项工作可能成本更高,但可以更快地执行。在这种情况下,承包方如果能够向业主证明合同的时间调整是合理的,承包商将有权调整价格。

5.5.7 施工时间规范

施工时间通常由业主方指定,承包商利用这些信息可以得出履行合同职责所需的生产要素的利用率。劳动消耗率是所有劳动密集型活动的基线指标,它们随后被用作计算性能值的关键输入变量,投标人使用劳动消耗率作为他们最终成本定价的重要基础。

生产要素的类型、数量和利用,在建设期间对生产力至关重要。一方面,业主方在项目准备阶段就会遇到这个基本问题。另一方面,这个问题也与投标人或随后的承包商定价、执行和索赔的建设工作有关。建议业主方充分考虑生产要素的合理使用,以免在质量、进度、成本等方面危及其项目目标。当然,业主方可以忽略这一问题的存在,而依赖一份全面的施工合同。

然而,这种方法可能与项目结果方面的主要缺点(包括成本超支、质量问题和施工延误)

有关。很明显,任何建筑或结构的建造都不会仅仅依靠合同,而是依靠生产因素的适当组合。施工合同的目的是为施工工作的执行和计费提供适当的框架,以及解决潜在冲突的规则。因此,建议业主方处理生产力和生产要素要随时间的变化而变化。投标人和承包商无论如何都必须这样做,否则他们将无法准备一个基于资源的成本计算书,并为执行建筑工程(包括空间、时间和强度相关的工作步骤)编写"投标书或施工合同"。在此背景下,需要回答:在整个施工期间,就生产率和生产要素而言,应假定哪种趋势?

生产力总是会有变化的,因为它不会在项目完成的整个期间保持不变。

5.5.7.1 施工时间对施工合同的意义

业主方通过规定施工时间,直接影响成本,从而影响施工价格。施工时间过短会导致生产力的损失和更高的成本,短期内成本会增加,例如:计划提前而没有按照预期工作,或者与工作绩效相关的其他情况(在业主方范围内)发生了变化。在后期,这种情况还可能会导致结构质量下降,以及由于维修和维修方案的改变而造成其他使用障碍。

如果业主方规定了正常的施工时间,承包商就可以优化组合他们的生产要素,以尽可能低的施工成本完成合同规定的工作,同时遵守分配的预算。因此,不符合合同约定的施工时间和成本以及约定的质量标准的风险更低。

在确定施工时间时,业主方通常只考虑对现场运营和管理有影响的限制边界条件,或根本不考虑这些因素。例如,这些限制因素是由于指导和操作条件造成的,并可能对关键工作性能的参数产生重大影响,又例如可用和可部署的工人的最大数量或设备可用件的最大数量。

计算构造时间的一个主要问题是当前应用的方法的线性性质。在大多数情况下,线性的施工管理关系被用于计算过程。当产能增加或减少时,超过或低于阈值(限度)将导致生产率损失,这些损失对计算结果有重大影响。为了准确地确定施工时间,必须始终考虑生产率的各种影响,如施工设备机械利用率,对生产率的影响。

任何施工时间的计算或优化都必须考虑现有技术的相互阻碍,以防止施工时间过短,建筑工程的施工时间不能过分短于定额工期。

5.5.7.2 施工时间的确定

在宏观分析中,施工时间是根据指示量和工程类型来确定计算的。例如,在建筑施工中,计算方法最初使用总立方体积,然后继续使用混凝土的立方米作为单位。从每次计算中,我们得到持续时间的一个值,当运用确定性计算方法时,不能得出与各自计算值相关的机会和风险比的结论。在微观层面上,施工时间是通过建立与关键路径相关的逻辑顺序关系而产生的相互连接的过程。为了计算单个流程时间,需要实际的数量和性能估计,与任何值的限制一样,输入数据也有不确定性。在大多数情况下,生产要素之间的线性也是假定的,但这并不总是符合施工和现场管理的现实。

现场作业将以弹性(比例)模式对生产要素的任何变化作出反应,直到超出正常生产率的范围。然后,施工过程的行为将改变为塑料(非比例)模式。这将导致生产率下降,从而导致成本上升。这是合理的,因为资源数量的变化通常不会导致性能的成比例变化。相反,性能值将由于生产力的损失而降低。

这些不确定性可以归集为认知不确定性。认知不确定性是由于缺乏知识、建模不充分或不准确、信息有限或数据集太少而造成的,但可以通过提供额外的数据或信息来减少这种不确定性。如果对工作做了足够详细的规定,就可以确定更精确的计算方法,构建时间的计算通常包含方程式或电子表格的模型。

在计算构造时间的方程建模中,一个常见的认识错误是假设影响参数之间的线性关系是永久线性关系。然而,实际的现场活动和施工过程提供了完全不同的情况。生产要素之间的相互作用仅在较窄的范围内呈线性关系。一般来说,为了得到精确的计算模型,必须考虑生产要素之间的非线性。对内部和外部生产条件关系深入的了解可对减少认知不确定性有重要贡献。

在这方面,生产要素的类型和组合(时间、空间和强度)是至关重要的。这些因素直接影响劳动消耗率和绩效效率,进而影响生产率水平。

生产率是建筑管理和经济的关键绩效指标。它是规划、成本计算和实施项目管理的关键参数。它可有效地用于评价单个工作步骤或整个生产或经济过程中,用产出/投入比表示。同样,生产率在预测成本和时间方面也起着关键作用。指定的施工时间越短,在短时间内同时操作(安装或拆除)大量材料的工人和设备就越多,必须同时部署在施工现场。因此,生产要素的可用工作空间将变得越来越小,工人和设备之间的协调将由于生产率损失而超出最佳范围。此外,基本生产要素和自由生产要素之间的协调与互动将不再具有经济性。

除了基本生产要素(即劳动力、设备和材料),总生产率还受到计划、管理和控制等可自由支配生产要素的影响。这些参数还决定了是否可以达到"正常"的生产率水平。必须在更大程度上利用现有资源,以便在不遵守特定生产要素限制的情况下补偿生产率所造成的损失。由于相互作用的存在,我们应该对生产要素采取系统的观点,而不是为了优化一个或几个要素而牺牲其他要素。

如果承包商能够在现场以"正常"生产率水平利用其生产要素,那么承包商制定的定价将与发生的概率可能呈现高度相关性。

5.5.7.3 施工时间定义

施工时间的概念是指在考虑任何缓冲时间(由承包商承担)之前计算的施工时间。在确定施工时间并考虑施工管理和经济方面的边界条件后,业主方应额外考虑缓冲时间,以弥补其责任范围内的任何潜在延误。

(1)施工时间区分

在整合瓶颈设备时,对施工时间进行分类。在建筑施工中,起重机就属于这一类。对施工时间类别的区分是基于在不损失生产率的情况下,一台起重机可以服务的工人的最大数量。

构建时间一般可分为以下几种:

①施工时间极短

施工时间的确定:有效利用的工人数量和设备的利用率超过相应的最大值(即生产率损失的阈值)20%。

②施工时间短

施工时间的确定:有效利用的工人的数量和设备的利用率超过相应的最大值10%。

③正常的施工时间

施工时间的确定:有效利用的工人的数量和设备的利用率等于相应的最大值,施工过程中的任何中断都可能导致在施工时间目标上的生产率损失。

④施工时间较长

施工时间的确定:有效利用的工人的数量和设备的利用率比相应的最大值低10%。

⑤施工时间长

施工时间的确定:有效利用的工人的数量和设备的利用率比相应的最大值低25%。

(2)施工时间过短的场景

如果规定了极短的施工时间(比"正常施工时间"短),这可能导致投标或合同定价工作出现以下情况:

场景①

投标人认识到规定的短工期意味着他们不能再最优地利用他们的生产要素,而提高直接或间接受影响的工作项目的单价。

场景②

投标人认识到规定的短工期意味着他们不能再最优地利用他们的生产要素,部分提高直接或间接受影响的工作项目的单价,剩余部分的预期生产率损失计入风险溢价。

场景③

投标人认识到规定的短工期意味着他们不能再最优地利用他们的生产要素,部分提高直接或间接受影响的工作项目的单价,在定价时不考虑生产率预期损失的一部分,其余部分计入风险溢价。

场景④

投标人认识到规定的短工期意味着他们不能再最优地利用他们的生产要素,但他们没有提高单价(由于当前的竞争环境和市场形势)。

场景⑤

投标人认识到规定的短工期意味着他们不能再最优地利用他们的生产要素,但他们没有提高他们的单价(在计算潜在的生产率损失之前的单价)。投标人认识到该规范不完整,并决定通过提交附加索赔来弥补缺陷。

场景⑥

投标人没有意识到规定的短工期意味着他们不能再最优地利用他们的生产要素,并且他们没有提高他们的单价(在计算潜在的生产率损失之前的单价)。

5.5.7.4 对业主方的影响

如果业主方指定的施工时间比投标人或承包商确定的正常施工时间更短,业主应该预料到报价和随后索赔的后果。此外,还应该预计可能会对质量产生不利影响,从而影响建筑物的使用或再利用。

由业主方指定的条件来执行工作,包括高价格施工期间,应以这样一种方式定义。一开始承包商没有开始的生产力阈值并不一定会持续超过它在随后阶段的生产力阈值。另一方面,如果规定了"正常生产条件"(主要由"正常施工时间"决定),就更容易适应施工过程的变化或中断。弹性生产系统以其灵活性、多样性、冗余或自由容量为特征,这些特征有利于施工效率提高。

(1)在合同授予阶段

对于正常施工时间,投标方可以确定生产要素与正常生产率的组合。因此,可以假设在这个定价阶段,不会因为极短的施工时间而造成生产率的损失。另外,正常的施工时间预计会产生最低的施工成本,这种情况可以考虑到投标人的定价策略。

但是,如果业主规定的施工时间短于投标人或承包商计算的正常施工时间(通常情况下),后者在定价时不能再采用正常的生产要素组合。因此,在降低成本(零基础成本)时需要考虑生产率的损失,这将导致当地最低成本的提高。如果投标人能够将这些情况考虑到定价中,业主方将面临着更高的投标价格。

根据工作绩效和定价之间的平衡原则,如果所有的投标人都能正确地识别这种情况,考虑到在他们的成本和定价过程中对施工管理和经济水平的相互影响,这也会导致更高的投标价格。如果投标者在其竞争环境中采用低工资或进行社会倾销,这种影响显然会被扭曲,因为这些投标者总是能够提供比建筑公司更低的报价,而建筑公司是按照适用的法律要求进行成本计算和定价的。

(2)在构建阶段

如果规定的施工时间比正常施工时间短,在偏离规定上的最小施工时间的情况下,生产率的损失将大于偏离正常的最小施工时间的生产率损失。在代表指定施工时间的曲线中,弯度更明显,因为现场操作对变化和中断的反应更敏感。这是由于在生产要素组合方面,现场作业必然会达到与施工时间相适应的产能极限。

如果发包人对合同约定的工作产生偏差,就必须考虑加快工作进度和延长施工时间等额外成本的增加。

①工作加速

工作必须加速或加剧，这将导致更高的成本。在加速施工的情况下，必须注意施工现场在保持生产率的同时能够承受的生产要素数量。在实践中，工作加速或强化的成本通常取决于哪一方启动了工作强化过程。如果发包人订购加速，费用将高于承包方承担相关责任的费用，这在很大程度上取决于承担费用的一方。如果是业主方的过错，他们也必须承担费用。如果加速的原因是由承包商造成的，有关费用将属于其责任范围。如果承包商必须自己承担成本，他们自然会做出更大的努力，通过优化实现最经济的生产要素组合，以尽可能降低成本。

②延长施工时间

如果在原先商定的施工时间基础上延长施工时间，而工期过短，则工地作业费用会增加，因为我们应假定工地作业从一开始就已中断，即使是在更长的施工周期和更明显的弯曲曲线中，这将导致更显著的成本影响。由于最初规定的施工时间过短，在正常施工时间内本可以实现的成本水平不再能够通过后续施工时间的延长来实现。

5.5.8 可靠施工时间

为了能够评估施工过程的中断和额外的成本索赔，必须确定一个合理的工艺进度和一个合理的目标进度，该进度代表了执行合同商定的施工工程的可操作性。所要求的施工标准一般在施工合同中规定，如果投标人投标时还须提交施工进度，因此在检查目标时还必须检查施工进度。投标过程中分析，以时间和测序过程之间的关系合理性包含在本文档中。

如果在发包人与承包人的纠纷中咨询专家，该专家必须检查承包商是否按照目标施工进度完成约定的工程。如果这在现场操作和技术方面是不可行的，专家将通过引入确保可建造性的修正方法来修改目标施工进度。在施工实践中，这往往会造成严重的问题，因为与单价一起商定的基本定价参数，包括劳动消耗率和性能值，并不对应于个别过程的（实际）工期。劳动消耗率通常太低，而绩效值太高，如果这些值在逻辑上与投标人提交的施工计划相关联，人们通常会得出假设的工艺时间和顺序关系是不可行的结论。因此，在准备和审查施工进度时，必须考虑到一些基本特征。

可靠的施工进度计划最重要的基础是可靠的工艺进度计划，这些要求也适用于实际的施工进度计划。例如，可信度取决于施工计划中显示的长度和顺序关系是否可以建造

（内部生产系统的生产规律和外部生产系统的基本条件对应于总合施工时间或部分施工时间）。此外，我们需要检查生产要素的组合是否与工艺相结合，在技术、操作和环境方面是不是可信的，临界近似是否表示一个过程或多个过程的最早开始。合理的排序关系将考虑外部和内部依赖关系，而利用在施工进度中最常见的错误来源是不适当。极短的过程时间，要考虑不正确的顺序关系和违反临界近似。临界近似是内部依赖和外部依赖的结果，例如，关于内部依赖关系，如果由于相互阻碍和起重机能力不足而导致生产率损失，承包商将不会开始后续工作。

作为技术依赖的一个例子，我们提到的规则是，只有在达到之前定义的混凝土最小抗压强度（通常为 15 N/mm）后，攀登模板才能移动到下一个混凝土部分。

意义的方面将取决于过程，关键路径是否可信，以及资源和过程之间是否存在生产性关系。施工现场和物流的概念足够合理，也使总施工时间或其部分施工时间合理。

然而，业主方也必须提供相关信息和遵守他们的合作义务，为达到一个合理的施工时间做出更大贡献。它的数量、质量、现场环境等信息必须全面记录。必须检查施工进度，特别是关键路径的进度，以确保主要工程已全部完成，还应确保辅助工程也全部完成。沿着关键路径将资源与过程连接起来，以验证工人和设备的使用是否与这些过程的持续时间一致。对于目标进度计划，定价参数与资源的计划使用和网络化施工过程应相联系。

为确保可计算性，施工进度计划中所包含的过程与顺序关系、资源以及性能值和数量相互关联。临界近似不被低估，否则，建设计划施工时间将变得不切实际的短。从现场操作的角度来看，生产要素的组合必须是合理的。外部生产系统的影响被纳入计算，工人之间以及各个设备之间存在着定量和定性的关系，在确定施工时间时，我们还应该考虑数量变化的程度，以确保能被承包商接受。

施工进度的开始和结束日期以及重要的里程碑事件都是由合同商定的，许可和批准以及提前规划过程都应与合同一致并具有约束力。在合同中也明确规定了规划流程和规划变更的程序，并规定了发包人或发包人授权的代理人及时完成前期工作，与工作绩效密切相关的行业接口也已定义并达成一致。除了详细的顺序关系之外，一个成功的项目成果还将在很大程度上取决于土建、装修和建筑服务阶段之间的网络。完成和构建服务阶段不能太早开始（违反临界近似），以防止相互阻碍。与土建阶段相比，装修和建筑服务阶段需要考虑更多的行业和学科的施工现场。如果在交易和更高层次的物流之间的接口没有事先明确地达成一致，在执行阶段发生中断的概率可能会由于过程中涉及的大量利益相关者而显著增大，时间参数范围应适用于为完成工程和建筑服务阶段而选择的正确的开始日期。随机蒙特卡洛模拟方法是系统地映射相关不确定性的一种非常有效的工具,可以为各自的持续时间和两个阶段之间的偏移量生成直方图,最终可以确定每个选择值的机会/风险比。如果承担了较高的风险,例如由于选择了较长的抵消期,则必须更准确地规划和组织之前的交易之间的协调,可以利用随机蒙特卡洛模拟这个过程。

因此可靠的工艺进度计划是施工进度计划最重要的基础。这个可靠的工艺进度表考虑了在确定顺序关系方面的所有要求,同时确保不会发生关键的近似。

任何施工时间,如果留有足够的空间考虑所有相关的施工管理方面("正常"施工时间),将有利于合同各方。一方面,如果业主方指定一个"正常"的施工期间,我们可以期待一个中断发生的概率很小的施工过程。另一方面,如果规定了正常的施工时间,投标人或随后的承包商可以高度自信地在计划的"正常生产率"水平上利用他们的生产要素。由于施工时间非常短,施工过程在开工时就已经中断,这种情况是非常严重的,相比之下,其他中断时间都可以更容易地克服。业主方还必须确保项目文件的高质量,这取决于足够的项目交付时间,甚至在合同授予之前的时间。

在任何情况下,一个可靠的施工时间将为业主方、承包商和其他项目干系人一起实现他们的项目目标奠定基础。

5.6 施工管理项目模型实例分析(案例一)

项目建设规模扩大化是社会发展的趋势,项目建设规模越大,其面对的环境情况就越复杂,无法预知的风险就会增多,出现问题的概率就越高。调查表明,在全部项目中只有不足30%的项目全面达到项目目标要求,之所以会出现这种情况,项目管理过程中没有实施风险管控是重要原因。虽然成功的风险管理并不能导致项目成功,但风险管理和控制适用于建设项目管理实践中的风险项目。项目成功的概率小,但却更可能成功,充分证明了风险管理的重要性与必要性(詹丽和张小月,2018)。

随着社会和经济发展的不断推进,以及信息和交通运输业的迅猛发展,现代建筑企业规模不断扩大,企业经营的项目数量不断增加,同一企业同时管理数十个、数百个甚至更多的项目。这种管理模式高效快捷,大大提升了企业的盈利水平,企业管理者能够不断追求更多的项目(孔繁森等,2017)。但是多项目管理对多数建筑企业而言就是一把双刃剑,大量利润和极大的风险同时存在。当今的项目建设对工期要求极为精准,这就要求企业管理者的管理方法要更加严谨和科学(黄福庆和孟涛,2017),以此来降低风险的发生。

如何同时协调和管理多个项目已成为施工企业无法回避的问题,也是最令人头疼的"烫手山芋"。一些项目由多个单项项目组成,因为它们是由一个企业统筹管理的,而各个项目之间又有着纷繁复杂的关系,它涉及不同部门之间的合作和资源分配。即使企业都按计划规划每个项目的资源,按部就班开展工作,并且为了限制部门之间的合作,设定了许多制度,但这些矛盾在实际工作中还是越来越突出(毕翔等,2017)。如何对资源做出最科学的分配,保证项目实施过程中不出现问题,尽量降低各部门之间出现矛盾的概率,向管理要效益,实现企业利益最大化,是任何一个企业管理者都必须引起重视的问题。每个企业都应该管理很多不同的项目,多项目的管理需要新的理论和方法来支持,仅仅依靠传统的单一项目管理方法是远远不够的(黄振香和赖永波,2017)。

5.6.1 主要研究内容及方法

1.研究内容

(1)在阐述本课题研究意义之后,从对各种可能存在的风险进行管理的视角,针对国内外研究现状与发展方向进行分析,最后得出了自身的研究成果。

(2)工程项目管理中的赶工与变更。赶工是工程项目实施过程中常见的现象,在这种情况下,赶工会对项目实施造成很严重的影响,既然赶工情况发生了,工程成本必然会发生变化,所以要针对工程项目中的赶工及变更情况进行综合性研究(侯军岐和杨思雨,2018)。

(3)赶工风险产生的原因及反馈型风险元传递。造成企业施工管理中出现赶工风险的原因是多方面的,我们用"反馈"来解释信息的传送和返回,其中信息的"返回"是关键。复杂工程中经常出现反馈现象,这也导致工程项目管理更加复杂化(杜卫国,张旭东,李金明,2017)。在建设项目管理中,反馈现象在单个项目和同一企业下的多个项目中广泛存在。因此,企业通常通过风险评估来进行项目决策,以此降低风险的发生,以防止公司出现重大亏损。

2.研究方法

(1)文献调研法,采用文献调研的方法对国内外相关文献进行调研,并在此基础上提出论文研究的可行性及意义。

(2)数据统计法,采用数据统计的方法对国内项目施工赶工问题进行总结,并在相关数据的支撑下对该问题进行研究。

(3)归纳总结法,采用归纳总结法对国内外的赶工问题处理方式进行分析,并针对性地提出合理化解决对策。

5.6.2 工程项目管理中的赶工及变更

5.6.2.1 工程赶工及变更原因

(1)工程赶工的定义及特点

项目管理中赶工是指,在进度与成本之间权衡或是工期存在大量时间的滞后,确定在尽量少增加费用的前提下,最大限度地缩短项目所需时间。工程赶工会增加人、机的劳动成本,改变部分支出项目;按期完成,平行工作可能会导致变更和索赔,并且影响项目的质量。从建筑工程管理的角度来看,应突出主动性,如何改变,如何体现利润最大化(李刚等,2017)。

项目赶工是成本和进度之间的折中,在成本增加较少的前提下并最大限度地缩短建设时间。费用在承包商完成之前,雇主需要采取措施加快项目进度并缩短合同期限,由此产生的合同应支付费用。承包商的理由是先决条件,加速索赔的情况有政策和政治原因;自然灾害的自然环境因素,地质条件变化;提供图纸,工作面和延迟材料供应的转移以及提早完成设计变更的指导管理因素(刘鸿洋等,2018)。

(2)工程变更概念及表现形式

工程变更是指已经正式投入生产的产品零部件的变更。项目的实施必须以规范有序的方式进行,必须严格遵守合同,严格监督管理工程材料和质量。施工方法应随时适应当前的情况,变更必须在业主的认证或变更指示的前提下,在合同范围内进行各种变更(孙国强和吉迎东,2017)。

工程变更的主要表现形式为:①更改工程有关部分的位置和尺寸。②增减合同中的工程量。③增减合同中的工程内容。④改变工程质量、性质或工程类型。⑤改变有关工程的施工顺序和时间安排。⑥为使工程竣工而必须实施的任何种类的附加工作(卢日彬和郭宗逵,2018)。

5.6.2.2 工程赶工中存在的问题

(1)思路有待调整。施工企业不能掌握项目的变更性原则,经常在不清楚项目能否变更的情况下,随意更改,无法找到合适的切入点。

(2)立项支撑依据不完备。承包方单方面对申报的变更立项进行说明,设计方和投资方只是从口头上做了承诺,没有形成文字说明。

(3)抓不住变更利润点。没有考虑变更利润点,为了施工而施工,在策划方案时没有先进理念作指导,盲目作业。

(4)工程量签证有待规范。工程量签证是施工企业经常遇到的问题,有的项目可能办理了签证但未经相关部门审核批准,最终导致工程量难报价而无法进行(张昌栋和陈彦,2010)。

(5)成本未变更与申报费用之间的对比。缺乏自己的底线就去进行申报变更报价,完全不重视企业施工的成本安全管理,导致变更谈判难成功,出现亏损(赵志鹏和李显忠,2010)。

(6)变更对内工作不完备,导致利润流失。

5.6.3 多项目赶工型风险元传递模型

1.多项目工期链风险元反馈型传递模型

企业同时管理多个项目的情况下,企业高层为了规避项目工期的风险,必须对项目的工期进行调整,其中从项目间调整工期是企业高层的首选措施,如此一来,整个施工期延误的可能性就会降到最低,或者拖延时间相对较短的项目,从而维护企业的最佳利益(赵志鹏等,2010)。

当公司管理的项目在施工过程中存在风险时(例如单个项目的风险),每个项目都会有自己的预期期间调整。预期期间调整会有3种不同数值分别是:负值、0和正值。

(1)当预期工期调整数值为0时,它表明这两者是完全一致的。项目期间没有风险。该项目不需要从其他重要项目中进行调整,也不需要对其他项目进行额外的时间调整;

(2)当两者的差值为负值时,表明实际剩余时间充足且有剩余时间量,不仅不存在项目期风险,而且项目也可以缩短时间限制,多余的时间限制可以调整到其他项目;

(3)当预期时间段调整值为正值时,表明实际剩余时间的使用量不够用,出现了工期的风险,应借用其他项目的建设期,以确保完成项目。站在企业管理的大局中,一个项目有时间限制的风险,是否调整项目工期,或是加快自己的实际施工速度,保证在工期内完成任务,如何决策,这还需要企业管理层考虑全局。项目时限和后续项目期限的调整会产生一些不利影响。因此,项目之间存在风险转移过程。

2.项目重要性决策评价模型

项目的风险评估必须以项目风险规划识别为前提,构建出完善的风险管理模型,识别核心风险点,确定项目整体风险水平,确保项目顺利进行。

通过借助项目决策评价模型,如果发现项目实施的工期风险,企业手中暂时又没有掌握可以借用的剩余工期量,或是不满足项目调增需求,那么所有的项目应就此列出,由管理者按轻重缓急进行排序,便于决策由哪些项目来调减工期用于调增到有工期需求的项目。

多项目管理近年来受到学者队伍的广泛关注,其中进度优化尤其备受重视,相关的学术研究成果不断被公布出来,但是因面临着需要对高阶非线性模型求解,这造成了研究工作出现瓶颈,进步缓慢。而现今社会科学技术高速发展,随着智能算法的广泛应用,高阶非线性模型的解决方案也相对容易。仅由智能算法获得的结果大约为近似值。在多项目管理中的实际应用效果也很好,基本上满足了用户的要求,多项目管理模式是一个全面而系统的管理系统,它规模庞大,对外部客观条件要求较严,虽然计算起来简单快捷,但是由于计算量过大,造成运算时间太长,所以不能得到最好的答案。因此研究人员通常将超大模型拆分成多个,从而得到每个小模型的目标函数的最优解。

5.6.4 项目赶工解决办法

(1)关于变更思路不清晰的问题,由于认识施工图纸和方案是商务人员必备素质,在弄清楚变更条件之前,必须参照合同规定为准。商务部定期开展变更索赔专题会,多学习技术部和施管部等部门的好办法,这就是典型的"策划、决策、计划"。

(2)关于变更立项支撑依据不充分的问题,变更立项越来越受到各方广泛关注,不论项目成本高低,如果不符合立项条件,就无法通过审核。所以,变更立项的重要性是不言而喻的。为了让变更立项具备充分的支持依据,在施工生产进程中,工程项目建设有关各方的往来文件应该增多,具体的解决办法都需要能在往来文件中如实而又详细地表达出来。重视档案整理与保存,并做好说明和备注工作,打下前期工作的基础,绝不出现"空头支票""口头承诺"等事件。

(3)关于抓不住变更利润点的问题,利润的百分比被称作利润点,这里是指如何抓住利润的重点。例如,在变更项目情况下,改良施工方案,制作预算安排资源分配。作为管理人员要考虑的就是成本、利润、手段,高度重视技术工作,为施工方案的变更做好铺垫,将被动化变为主动化。

(4)关于变更工程量签证不规范的问题,必须从以下三方面着手:①强化理论和技术的学习,制定严格的项目划分和工程量计算规则等;②从造价的角度来确定工程量计算规则,实现利润最大化;③整理完善工程量签证单,做到主次分明。

(5)关于未进行变更成本与申报费用对比的问题,做好成本统计,强化成本安全,化解成本风险。

(6)关于变更对内工作办理不完善,对利润会产生很重要的影响,导致利润大量流失,给公司带来严重的负面影响。对内工作的变更也应该熟练掌握,而承包单位只在意表面工作,并没有从更深的层次来挖掘处理,导致公司损失惨重。

在签订合同前,变更对内结算是无法提前预测出来的,也是注定要发生的问题。虽然不少公司都会要求项目部必须先行办理对外结算,经费安排到位后,对内结算才能开始进行,而且变更对内结算是一项特殊工作,结算滞后情况普遍,而外协队办理结算不可拖延时间,所以项目必定提前处理。并且变更工程量项目是建筑工程项目的利润重点,相较而言工程复杂,价格较高,因此利润非常可观。

而利润往往与风险并存,所以,变更对内结算提前办理比较稳妥,只有提前办理,才能最大程度地化解各种风险。就此而言,掌握变更项目实际成本也是势在必行。当然变更对内结算与合同内项目的结算还是有较大区别的。首先,工程施工量只有通过现场实际验收才能确定,并非单依据监理签字的数额来确定,只有这样才能保证施工量统计的准确,避免出现数据与实际工程量不符的情况。再者则是控制单价,把外协队的实际成本和定额水平相结合,以较低的单价达成共识,做到相互兼顾,避免造成僵局。

为此,施工项目作为一类特殊项目,风险元传递的影响范围更广,若是不能对风险元传递问题给予关注,其带来的危害会加大。在前人研究的基础上,选择施工项目传递作为研究对象,以促使研究得到进一步丰富。同时本章的研究对象是重点探究施工项目赶工时风险出现的可能性以及风险元传递等问题。结合前人的研究以及分析两个风险元传递模型,施工项目赶工风险的特点等,对企业在实际运营中多项目管理情况中风险出现可能性进行探究。最终结合施工项目赶工风险情况,对如何防范风险元传递提出相应的建议,通过合理的管控以防止风险元传递给企业从而对发展带来不良影响。

5.7 施工管理项目模型实例分析[①](案例二)

南昌—长沙特高压交流工程线路工程（以下简称"特高压工程"）是"十四五"开局之年首条特高压交流工程线路工程，受国际国内形势政策影响，投产需求极其迫切，时间之紧、任务之重前所未有，一般性的工程建设管理模式无法满足本工程安全可靠、高速高效的建设要求。国网江西省电力有限公司建设分公司（以下简称"国网江西建设公司"）紧紧围绕"将特高压工程打造成新时代样板工程"的目标，为江西特高压建设提供坚强支撑，勇挑重担、攻坚克难，依托坚强有力的组织体系，构建"五新一融合"特高压工程建设模式，树立"创新、协同、聚力、融合"新建设理念，搭建"多方协力、资源聚合"新协同机制，融入"科学研判、精准施策"新管理方法，应用"科学提速、技术赋能"新技术工艺，构建"起而行之、攻坚克难"新团队模式，并通过"党建＋基建"融合发展，凸显迎难而上、敢于亮剑的优秀基因，让精神力量成为特高压工程建设的不竭动力。通过"五新一融合"抓重点、突精细、重落实，对关键路径、重点工作、重要环节实现全方位、多维度、立体式的项目穿透式管控，圆满完成特高压工程建设任务，努力打响开局之战，着力创造江西速度、奋力打造江西样板，并且能够为建设工程项目如何有效地压缩工期，又不造成赶工现象提供一个成功案例。

5.7.1 南长特高压交流工程线路工程建设的背景

1.助力双碳目标、承载清洁能源消纳的有效手段

习近平总书记将"碳达峰、碳中和"视作一场"经济社会系统性变革"，并要求将其纳入生态文明建设整体布局，表明绿色是中华民族永续发展的底色，绿色发展更是中国未来实现高质量发展的关键所在。清洁能源消纳是实现"双碳"目标的助推器，如何解决弃水、弃风问题，电力行业任务艰巨、责任重大，承担着主力军的作用，因此加快推进跨区域更高电压等级

---

① 案例来源：国网江西省电力有限公司。

的电网互联互通,将成为"十四五"期间高质量发展的重要动能。特高压工程是清洁能源远距离、大规模配置的"直达航班",是国家电网公司发挥龙头企业引领作用,推动能源消费结构从化石能源转化为清洁能源的大国重器,是衔接能源供给侧和需求侧的关键环节,是风光水电大规模消纳和跨省优化配置的重要载体。高质量提速建设特高压工程,对于促进能源电力从高碳走向低碳,实现"电从远方来,来的是清洁电",减少化石能源消耗及污染物排放都有着重要的意义。

2.落实国网战略、缓解电力供需矛盾的迫切需要

国家电网公司 2025 年要基本建成具有中国特色国际领先的能源互联网企业这个目标蓝图,对电网协调发展提出了更高的要求。"十三五"期间,我国经济社会发展成效显著,电力资源的需求也逐年升高,但由于我国电力负荷中心和发电中心的相对地理分布不平衡,给电力资源的使用带来了一些困难。在需求侧,伴随着经济持续中高速增长及"电能替代"的现状,江西全网负荷增长迅速;在供给侧,江西"缺煤少气无油"的客观困境造成能源供给外部依赖性强,这种电力供需关系造成电力消费增长速度较国民生产总值增长速度始终处于较低水平的平衡。2020 年迎峰度冬期间,江西、湖南均出现了短期的电力供应紧张的情况,不仅给民众的生产生活带来诸多不便,而且在国际国内造成不良的舆情舆论,一定程度上会影响社会稳定。为缓解电力供需矛盾,释放经济动能,迫切需要加快建成江西至湖南间的特高压工程,使电力的接入、传输和消纳变得更加灵活,不仅有利于充分发挥电网输送能力和网络市场功能,实现江西、湖南电网互联,西北风电、光伏发电与西南水电互济,还能满足经济社会发展的需求,保障居民、企业用上电、用好电。

3.推动管理升级、打造精品样板工程的必然要求

南昌—长沙 1000 千伏特高压线路工程是华中特高压环网的重要组成部分,是江西省迈入特高压电网时代的"代表作",更是国网公司"十四五"开局之年首条特高压交流工程,其战略意义不言而喻。特高压工程建设周期长,时间紧、任务重、技术新,涉及层级多、部门多、单位多,组织协调难度大。工程的迫切性、重要性、复杂性对传统建设管理工作提出了更高的要求,既要科学提速,又要保障安全、质量、技术、造价等管理工作不掉队,要实现"将特高压工程打造成新时代样板工程"的建设目标,不能简单地堆砌资源,也不能按照常规模式按部就班,急需消除项目管理与资源支撑匹配不完全、管理方法与精准控制要求匹配不完全,技术手段与效率提升匹配不完全等短板,面对管理经验缺乏、管理技术不足、人才支撑不力等诸多挑战,迫切需要推动管理升级、提升管理质效,探索新型省级特高压工程建设发展路径,全力打造安全工程、优质工程、精品工程,成为国网特高压样板,并将特高压项目建设成为江西的"幸福路""合作路""开放路"。

5.7.2 南长特高压交流工程线路工程建设的主要做法

1.树立新建设理念,构建坚强组织、着力系统发力

国网江西建设公司从特高压工程建设实际情况出发,坚持问题导向、找准自身定位,以"创新·协同·聚力·融合"构筑顶层设计,以"纵横贯通、全面覆盖"加强组织保障,确保目标务必完成。

(1)革新建设理念,规划发力方向

国网江西建设公司深刻领悟新发展理念的丰富内涵,聚焦支撑江西公司特高压电网建设"核心主业",提出"创新·协同·聚力·融合"新建设理念,以打造新时代样板工程为目标,充分发挥敢为人先的创新精神、敢闯敢试的攻坚精神、直面难题的担当精神,贡献建设优质精品工程、打造坚强智能电网"核心价值"。坚持创新引领,以信息化为支撑,以问题、事件处置为导向,注入崭新能量、革新方式方法,为项目高质量安全推进保驾护航。坚持协同共进,深度推动组织协同、资源协同、过程协同、外部环境协同,提高工程实施系统运转效率。坚持凝智聚力,紧抓"工程人"这个中坚核心力量,充分激发其主观能动性,凝智慧、聚力量,以点筑面,形成"全员参战、全力以赴、全面攻坚"的争先氛围。坚持融合发展,强化党建融合赋能,切实把党建优势转化为创新优势、竞争优势、发展优势,在推进工程建设中干出彩,在急难险重任务中提价值。

(2)构建坚强组织,锻造领导核心

充分凝聚、发挥公司的优势资源和核心实力,建立"纵向贯通、横向协同、全面覆盖"的组织网络体系,打造"分设合理、兼顾融合、整体高效"的组织脉络,推动组织从"有形覆盖"向"有效覆盖"转变,为特高压工程顺利实施提供了有力的组织保障。

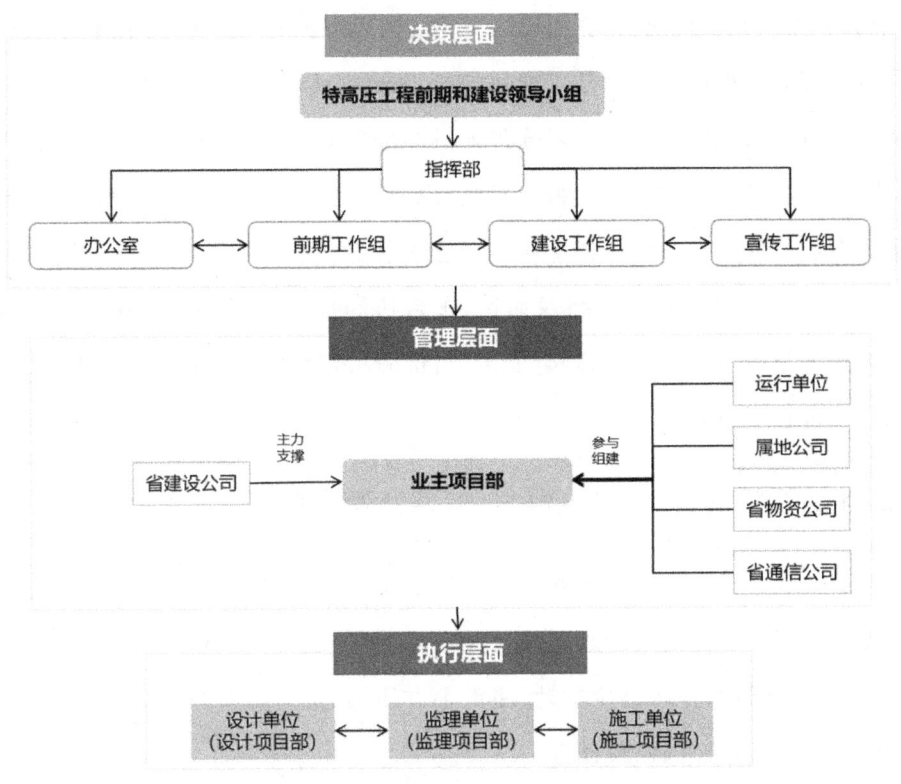

图 5-1 特高压工程组织架构体系

一是纵向贯通。如图 5-1 所示，在决策层面，接受由国网江西电力董事长为组长的特高压工程前期和建设领导小组统一领导，领导小组下设指挥部，指挥部下设办公室及前期工作组、建设工作组和宣传工作组，充分发挥其"抓总体、把方向"的重大作用，确定工程建设的目标和实施办法，负责与省政府及相关职能部门的沟通协调，决策工程建设过程中遇到的各类重大问题。

二是横向协同。在管理层面，成立以国网江西建设公司为主体，涵盖运行单位、属地公司、省物资公司、省通信公司等骨干专业人员的业主项目部，凝聚全省特高压优势资源和核心实力，充分发挥其"中轴线、黏合剂"的重要职责，突出工程项目管理手段的创新与应用，确保工程现场建设的各个环节做到工作准确到位、各个环节严格把关。结合工程线路长、工期紧、环境复杂等特点，加强项目管理力量投入，依据划分标段设立业主项目分部，更好地督导人员分工、任务协同、安全管控，更好地传递特高压建设的"力度"和"温度"。此外，为有效聚合资源，基于业主项目经理负责制，推行业主监理一体化，通过业务项目部与监理咨询部协同，整合建设管理和工程监理资源，实现专业互补、资源共享，突出现场专业管理效率提升。

三是全面覆盖。在执行层面,紧抓设计单位、监理单位、施工单位三个现场实施主体,分别成立设计项目部、监理项目部和施工项目部,负责各类专项领域内的指挥、沟通、协调工作和任务的统筹推进。针对参建队伍多、分包人员多的特点,突出重点、深处着力、精准发力,优化完善特高压建设管理职责分工、组织架构、规章制度、管理流程,做到过程管控与竣工验收并重,发挥专业监理工程师专业技术和现场管理优势,严格工程安全质量管控;计划管理与物资协调同抓,施工进度计划执行及纠偏,配合协同督促供图、供货,确保计划管控完整性;技术标准执行与造价管理共促,融合业主项目部技术管理"枢纽站"与监理工程师专业工作,提高工程造价管理质效。

2.搭建新协同机制,推动多方协力、加速资源聚合

南昌—长沙 1000 千伏特高压线路工程是落实长江经济带发展国家战略,优化赣湘两省电网结构,提升电网安全稳定运行水平的重大项目,国网公司、国网江西电力高度重视和密切关注,通过搭建新机制,坚持高位推动、注重多方协力、加速资源聚合,确保完成特高压工程项目安全优质、按期投产的建设任务。

(1)坚持高位推动,营造最优施工环境

积极争取江西省委、省政府支持,实施"容缺审批+承诺制",高位推动加速工程行政审批速度,打破"申请材料齐全且符合法定形式再受理"的传统政策壁垒,大大缩短施工前置手续办理时间,省政府领导做出重要批示,由江西省发展和改革委员会牵头,建立高效的协调推进机制,建立审批绿色通道,密集调度、特事特办、急事急办,为特高压工程创造最优的施工环境。

(2)注重政企联动,促进工程全面提速

积极争取各级政府支持,建立与线路沿线市、县、乡三级政府高能、高效的联动机制,迅速扫除工程建设外部障碍。沿线 3 个市政府及相关部门均及时调整协调领导机构人员,负责工作督办;沿线 7 个县(市)均成立以县领导班子成员为组长的特高压工程协调专项小组,积极支持、主动对接工程属地工作,及时解决涉及工程建设行政领域的问题,有力确保工程落实在属地不受影响;沿线 30 个乡(镇)均指派基层工作经验丰富的专人负责协调占地补偿、青苗赔偿、房屋拆迁、阻工纠纷等问题,确保工程施工畅通无阻。

(3)统筹参建力量,为连续施工保驾护航

全省、全国调度力量,统筹兼顾安全、质量、进度、造价等管理要点,确保各类资源投入与

工程工期精准匹配,确保施工技术组织能力与作业战线精准匹配,确保项目建设管理水平与目标体系精准匹配。一是南昌—长沙工程线路工程(江西段)共划分为3个设计标段、2个监理标段、5个施工标段,在全国范围内优选精锐队伍参与工程建设,确保图纸供应、设计工代、监理驻队、施工力量等满足工程全速推进需要;二是加快线路关键物资生产供应,全线铁塔9.2万吨,结合塔形、标段由24个生产厂家供货,导线、金具、绝缘子等架线物资分别由21个生产厂家供货,结合现场实际进度及需求,协同物资供应单位密切跟踪物资供应情况,充分调动全国产能保障物资供应;三是紧密围绕工程务期必成目标,通过组织协调凝聚各参建单位力量,形成属地协调为施工进场开路、图纸供应为连续施工护航、物资供应为进度计划服务的工作模式,促使施工资源早投入早见效。

3.融入新管理方法,深化科学统筹、实现靶向施策

国网江西建设公司按照"全局一盘棋"思路,优化工程建设工作推进体系,抓住核心关键点突破痛点难点,确保制约因素前置化、资源投入科学化,工程推进有序化。

(1)坚持计划统领,绘制精准作战图

坚持以计划统领全局,统筹安排、有序组织,运用神经网络计划分析法绘制"作战图",有效应对线路工程施工点多面广、重要跨越多、建设环境复杂等多种问题,从根本上确保实施可行性(见图5-2)。一是科学编排工程建设计划。按照工程投运目标编制完成一级网络计划,深刻分析"理论最短工期"及实施制约因素,并据此科学制订施工二级网络计划、图纸供应计划、物资供应计划、属地协调计划、停电计划、验收计划等相关工作计划的编制工作,规划出完整的、资源统筹的、相互匹配的多级神经网络计划,对关键制约工序和技术难点进行重点控制,将施工前后顺序、周边关系、工序衔接、队伍穿插有机结合,充分发挥平行作业与流水作业作用,确保各项工作安排科学合理、无缝衔接、高度协同,尽可能缩短转序的等待时间。二是拆解细化工作清单。以里程碑计划为依托,牢牢抓住关键节点控制,实施清单式管理,针对特高压工程体量大、专业协同要求高的特点,科学编制"两单"(项目部工作管控单、参建单位工作管控单),精准定位项目部和参建单位的工作职责、工作时限和主体责任,确保工程快速有序推进。三是注重计划及时纠偏。建立工程节点预警,重点跟踪、监控关键路径上的相关节点,出现节点偏差及时干预、纠正,确保施工进度偏差早预测、早发现、早解决。

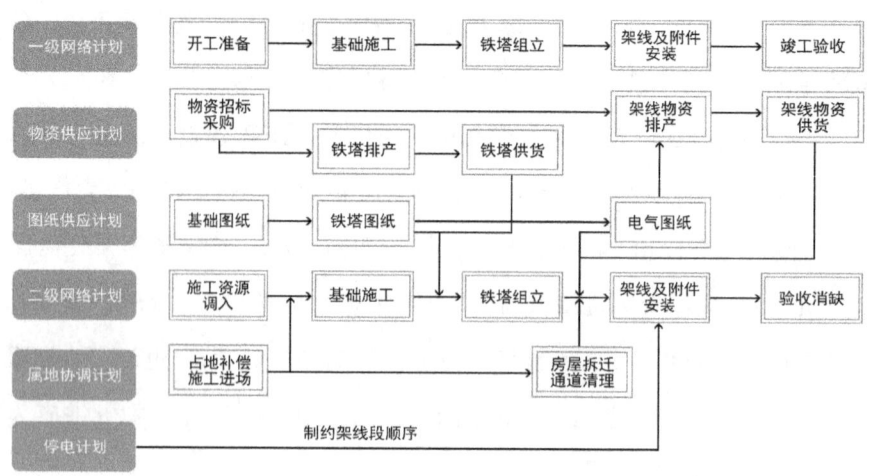

图 5-2 工程建设计划示意图

(2)紧盯关键节点,实现关口前移

对照"时间表、路线图",瞄准关键节点、关键环节、关键路径,精准点穴"祛顽疾"。一是前置制约痛点。在计划制订的基础上,深入研究不同阶段项目管理关键制约因素,明确关键线路和"卡脖子"工程,有效采取预控措施,应用"见缝插针"的作业方式逐步形成重点击破、串点连线、织线成面的作战策略,有序推进工程建设,如超前谋划关键控制点,结合汛情水情前置河流跨越管控关口,加快抚河、赣江的基础施工,并提前编制组塔和架线施工方案,确保在河道汛期前完成抚河、赣江基础施工和铁塔组立;提前梳理停电计划,统筹停电跨越施工安排,有序安排施工及物资到货计划,做到一停多跨;紧盯铁塔生产到货进度,协调关键控制点组塔、架线物资供应,确保各施工标段统筹谋划,步调一致。二是实施资源沙盘推演。按照"上齐人马、做足准备、同步推进、穿插实施"的原则,以工程量清单为数据基础,将定性推理和定量仿真相结合,科学量化施工工序,挖掘人员、机具等施工力量投入与工程量清单完成时效的关联关系,开展循环式资源推演,构建涵盖人、机、料、法、环等因素的施工主要工序的"标准工期"体系,形成有效的工程量与工期的推演评估办法,明确线路工程基础开挖、底板浇筑、钢筋绑扎、支模浇筑、回填养护、铁塔组立、张力放线等工序的标准工期和变电工程土建、电气交叉施工的最优衔接界限,为项目进度设定基准点,有效判断节点目标是否可行,分析制约因素是否可控,资源调配是否充足,并根据循环推演结果及与标准工期间的误差范围及时动态调配、补充资源投入。

(3) 抓实资金保障，铸造坚实后盾

紧紧抓住保障"资金供应链"这个关键，切实履行资金的预算安排、筹集调度、使用监管、绩效评价等职责，努力构建持续投入、运转有效的资金保障体系。一是优化资金拨付方式。针对特高压工程工期紧、任务重的特点，推行扁平化管理，缩短资金拨付链条，主动向国网公司、国网江西公司申请优化资金拨付方式，从总部—省公司—省建设公司缩短为总部—省建设公司，资金运转周期缩短三分之一，确保资金能及时到位。二是开辟绿色通道，为不影响工程施工进度，对一签订合同就要立即付款的征地补偿、迁改等刚性支出开辟绿色通道，每周合理排程、充分调剂，既满足了资金支付"月预算、周排程、日偏差"的管理需要，又保障了工程紧急资金支付需求。三是强化资金支付监管，针对特高压工程核算特点，出台了《南昌—长沙特高压交流线路工程（江西段）财务管理流程规范》，每月定期将特高压资金预算申报及执行情况上报给上级单位主管部门，做到每笔付款都凭据真实、附件完整、多面复核。

4. 应用新技术工艺，依托科技驱动、助力提质提速

国网江西建设公司重点围绕智能化建设、机械化施工等方向，以服务工程管理、加快工程建设为目标，深入践行"科技兴安"理念，以创新手段着力提升施工工效及安全管控效率。

(1) 以机械作业为手段，全面助力施工工效

坚持"因地制宜、应用尽用"原则，积极应用机械化施工技术，实现"机械化换人""机械化减人""减人减负减风险"，减少人员直接施工，降低施工安全风险，提高施工工效。在基础施工阶段，应用旋挖钻机进行基础桩成孔，配备可视化自动垂直及回位系统，在控制桩基础的垂直度偏差、中心位移偏差方面具备更高的精度要求。在钢管塔组立阶段，积极采用落地单平臂智能平衡力矩杆，具有过载保护和风速自动报警装置，配置灵活、安全可靠，避免因人为误操作引发的风险。此外可通过全方位视频监控系统有效监控塔材就位和人员作业行为，全线落地抱杆应用率超过 90%，最大限度地减少安全风险，进一步提升施工工效。架线阶段使用集控式智能张力放线系统，集成控制、机电液一体化联动，真正实现了对传统张力放线施工方式的革新，有效解决传统张力放线操作环境差、控制复杂、人员安全隐患大的问题。

(2) 以智慧监测为抓手，全面提升管控质效

充分利用公司科技项目研究成果，突破传统视觉经验判断的模式，即改变过去借助人工、无人机、视频设备进行人眼监测，观察目标物宏观变化的传统事故预警机制，通过多种微传感装置监测施工承力系统的微观应力、速率、姿态变化趋势等直接接触关键受力点，利用

无线通信技术,同步传输精准数据至现场与后台,实时开展数据处理和状态评价,反馈现场真实工况,及时预警与处置;建立施工违章智能识别研判模型,利用基于深度学习的输变电视频图像识别智能分析技术,实现施工违章的智能识别研判;同时积极发挥省安管视频监控中心作用,通过远程视频检查、电话询问等方式丰富检查手段,形成齐抓共管的局面,进一步提升安全管控效率及水平。

(3)以先进技术为支撑,全面落实环保措施

特高压工程所经区域包含的地形地貌复杂、全面,且所处地为红壤区,水土流失较为严重,电网工程环保水保过程监管显得尤为重要。项目利用卫星遥感技术进行施工前本底值采集和施工阶段环保水保监测,用无人机技术对施工中环保水保重点区域进行监管详查,结合实地监查形成江西红壤区典型地物及环保水保波谱数据库。通过天地一体化技术应用,有效解决电网工程建设实施过程中信息获取不及时、管控不到位、覆盖不全面的问题,实时跟踪施工过程中的环保水保施工及恢复情况,督促监理、施工单位及时完善,减少因发现不及时导致的整改费用增加和工期延误。

5.构建新团队模式,铸造实干铁军、聚力攻坚克难

坚持以人为本,汇聚业主项目部管理人员、施工单位、班组等核心先锋力量,充分发挥"同向同轴、同频共振、同心协力"的"三同效应",用好"指挥棒",使项目建设更加安全、协调、和谐。

(1)推动穿透型模式,夯实"前沿阵地"

为了打破项目管理过程"中梗阻"现象,推动实行穿透型管理模式,有效落实工程现场管理职责,统筹管理资源、缩短管理链条、优化管理流程,进一步提升管理效能。一是实施现场作业监督的"穿透",由领导班子带队,从安全、质量、管理规范性等各个层面进行定期加不定期的"全景扫描",避免"蜻蜓点水"式现场检查,强调一个细字。二是实施现场工作部署的"穿透",业主项目部管理人员立足一线、靠前指挥,吃住生活在一线,担当作为在一线,尽职履责在一线,有效应对项目实施过程中的重点、难点及制约点,把形势和问题分析透、措施和路径研究透,强调一个快字。三是实施纵向一体化管理的"穿透",领导干部充分发挥"领头雁"作用,做到以上率下;骨干人员推进履职尽责,强化担当作为;工程建设各支队伍积极响应、同步部署、迅速行动,强调一个"同"字。

(2)开展实战大比武,铸造"铁军劲旅"

围绕"创新、突破、提升"目标,在3个设计单位、2个监理单位、5个施工单位、几十个供应商单位之间实施"交叉互评找问题,对标学习促提升"活动,铸造一支支铁军劲旅,推动共同发力、整体提升,用责任与汗水书写特高压建设的新篇章。一是建立考核评价机制,落实参建各方责任,严格执行标准化管理制度,强化各方协同配合;强化督办考核,组织各施工标段定期开展互查,展示亮点,学习经验,形成横向互查监督、纵向自查整改、共同改进提升的考核评价体系,确保安全、质量、工艺可控能控在控。二是开展以"比施工安全、比工程进度、比质量效益、比技术创新、比精准防控、比队伍建设"为主要内容的特高压重点工程建设专项竞赛(见图5-3)。将劳动竞赛活动融入工程建设全过程,确保重点工程建设任务如期完成,打造特高压升级版、实现高质量发展。通过"互看互比互学",看到了信心、看到了激情、看到了底气,比出了成绩、比出了速度、比出了干劲,学到了理念、学到了机制、学到了方法。

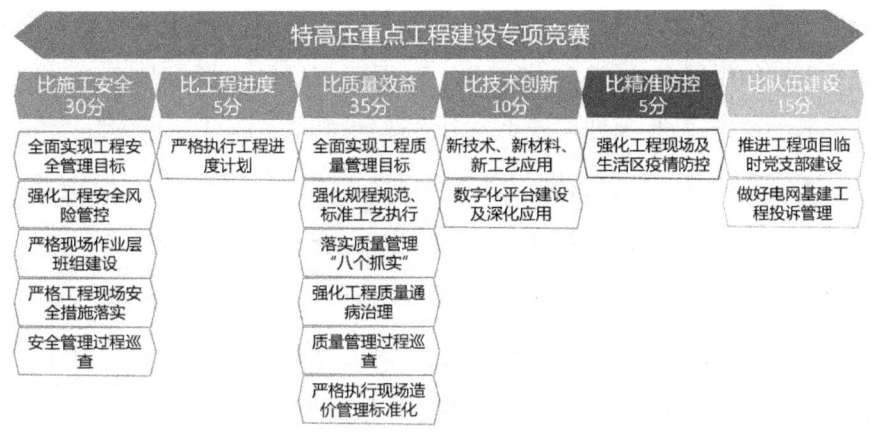

图5-3 专项竞赛评价维度示意图

(3)打造关爱型班组,激活"细胞活力"

将工作重心下移到基层,下沉走近一线员工,关爱作业层班组建设,激活特高压工程建设"微细胞",打通联系一线的"最后一公里",引领"全员参战、全力以赴、全面攻坚"的良好局面。一是开展施工班组标准化建设,开展迎峰度夏专项排查整治活动,重点查施工单位作业层班组人员管控、装备管理、作业防护、作息安排、车辆交通、驻地设施,督促施工项目部加大班组后勤保障资源的投入,从根本上整治人员"不安居、难乐业"的问题。二是组织开展作业层班组"每周一访",秉承"关爱每一位班组成员生活的平安健康,关爱每一位班组成员职业生涯的平安健康"的理念,关注员工身体状况、政治思想、家庭变故,了解、掌握并及时解决一线班组的急心事、烦心事和闹心事,宣贯安全注意事项,与班组零距离交流,端正员工态度、疏导员工情绪、推行人文关怀。

6.深度融合"党建+基建",传承精神信念、激发责任使命

深刻领悟"实事求是、勇闯新路,艰苦奋斗、敢于胜利"的井冈山精神,秉承"起步就是冲刺,开工就是决战"的坚定信念,探索"党建+基建"融合高质量发展道路,将党建引领融入项目建设的各个环节,激发"特高压人"干事创业的责任感、使命感和荣誉感,凝聚众志成城、团结奋进、锐意进取的强大正能量,时刻不忘让党旗在红土地上飘扬,以"红色引擎"引领项目"争先创优",助力工程建设实现人合、力合、心合,展现出江西速度、规模、效率。

(1)建强战斗堡垒

组建特高压工程临时党支部,促进"党建+基建"落地生根,打造思想教育的前沿阵地、铁军形象的展示窗口、攻坚克难的坚强堡垒、联系群众的桥梁纽带、党风廉政的重要关口,不断提高临时党支部的组织力、凝聚力、战斗力。一是开展特色主题党日活动,找准工程建设地域与红色资源的结合点,生动开展党史学习教育,指导工程建设者弄清楚"红色基因"究竟是什么,想明白"电力传承"应该怎么做,助力大家学出感情、学出信仰、学出责任,将红色力量在工程项目上撒播,激发责任使命意识,加强"家"文化建设,提升成员归属感、认同感,促进思想观念转变。二是以协同化推进党支部共建,以"专业管理、作用发挥、实践创新、文化建设经验共享"为原则开展临时党支部联建活动,对外做好联创共建,密切项目与工程沿线地方政府、群众关系,对内做好支部结对,以党建工作为纽带各方形成合力。

(2)彰显先锋力量

建立"党员突击队—党员示范岗—先锋模范"的战斗力矩阵,充分发挥"一个党员就是一面旗帜"的示范带动作用,将现场党员的力量凝聚放大,释放最强生产力,在打造样板工程的实践中彰显"硬核"担当。一是组建"党员突击队",挑起攻坚重担,充分发挥队员一专多能的特点,破解工程疑点难点,做出特色和亮点。二是设立"党员示范岗",根据党员工作岗位、活动范围等,以各党小组为创建主体,以党员责任制、党员承诺等为落地载体,引导党员"向我看、跟我干、让我来"。三是挖掘先锋模范,树立"来之能战、战之能胜"的先进典型,宣扬"战高温、斗严寒、披星戴月、风雨无阻"的平凡英雄,弘扬新时代劳模精神、劳动精神、工匠精神。

5.7.3 南长特高压交流工程线路工程建设的效果

在南昌－长沙 1000 千伏特高压线路工程建设过程中，国网江西建设公司多措并举持续发力，工程按期建成投运，有效缓解了江西、湖南地区的电力供需矛盾，贯通了一条输电"大动脉"，实现电力的大规模开发、打捆外送和大范围优化配置。

1. 精准破解管控难题，工程及时建成见效

通过运用"五新一融合"特高压工程建设模式，进一步提升了工程的计划、组织和协调能力，保证了责任落实、组织落实、措施落实，提高了资源调配和施工效率，过程管控逐步细化、本质安全得以保障、工程质量严格把控、造价精度与技术深度逐渐提高，促进特高压工程项目超预期优质高效完成。特高压工程规划完工时间为 2022 年 6 月，通过创新管理，实际竣工时间为 2021 年 12 月，最终工期仅为"理论最短工期"的 1.1 倍，为规划工期的 62.5%[①]。

2. 促进区域协调发展，社会效益持续增强

通过创新管理模式，加快特高压工程建设，实现更高电压等级的电网互联，以及西北风电光伏与西南水电互济，对于促进能源的有效利用和服务经济社会发展具有重要意义，同时为早日达到"碳峰值"，实现"碳中和"打下基础，为落实"四个革命，一个合作"做出贡献。此外，特高压工程建设促进了大范围能源优化配置，因其辐射广、链条长等特点，大幅拉动了内需和经济增长，带动了装备制造业转型升级和下游产业发展。经测算，南昌－长沙特高压工程线路工程带动地区经济产值 11.3 亿元，工程提前半年建成，可提前实现雅江直流满功率运行，四川清洁水电跨江西、湖南配置，减少弃水电量 100 亿千瓦时，减少标煤消耗约 400 万吨，减少二氧化碳排放约 1000 万吨。

3. 凝练特高压建设经验，推广应用价值成效显著

在打造特高压建设样板工程过程中，国网江西建设公司在重重困难下树立新理念，引入新手段、新工艺、新方法，实现科学提速，在确保安全、质量、效益的前提下实现里程碑式的工程，其推广应用价值成效显著，需要总结、提炼有特色、有亮点的先进经验、固化成果，为后续

---

① 数据来源：国网江西建设公司系国网江西省电力有限公司。

推广应用打下坚实基础。一方面编制主线明确、重点突出、具有可操作性的特高压工程管理手册,涵盖项目前期、工程前期、工程建设与总结评价四个阶段,为类似工程的建设做有效的指导。另一方面编制新时代样板工程实施方案,总结经验做法、挖掘特色亮点,如建立"一口对外"协调机制,加强沟通,高效对接政府机关单位;"最短理论工期"推演方法;工程进度和安全管控能力双提升等。

第六章 结论与展望

在前面五章，我们构建了技术创新项目赶工风险管理理论模型，探讨高科技企业规避技术赶工风险的方法；构建了人才培养项目赶工风险管理模型，研究人才培养项目中的赶工风险因素传递问题；构建了施工管理项目赶工风险管理理论模型，分析建设工程项目赶工风险传递的内在规律，实现预警诊断和有效控制，提高建设工程项目的经济效果。本章先对项目赶工风险管理做了一个简单的总结，然后就未来赶工问题的研究提出几点建议。

6.1 结论

不管时代怎么变化，人类的发展离不开自然的约束，但只要按照自然规律合理安排进度，我们的大多数项目是可以取得预期效果的。新时代的发展，给我国的发展提供了机遇还带来了许多挑战，在这个阶段需要也将会出现许多创新和变革，我国需要在能源领域稳步推进，优先发展，实现高质量发展的同时确保"双碳"目标的实现。回顾近两百年若干次技术革命发展史，不可否认西方世界每一次都抢占先机，赢得时代发展的先动优势。展望未来，以高质量发展为特点的我国新经济正在酝酿新的变局，工业经济时代将让位于知识经济时代，基于赶工视角的项目管理研究或许能为项目管理实践提供一定的理论参考。基于赶工视角的项目管理研究的应用领域主要有：

第一，在技术创新项目中的应用。赶工风险传递理论模型可应用于技术创新项目中。例如研究技术创新赶工风险元投资问题；研究技术创新生态风险防范问题；研究技术创新赶工风险在金融科技中的应用；研究赶工风险投资对企业技术创新的作用影响分析等。

第二，在人才培养项目中的应用。人才培养过程中的揠苗助长，是赶工失败的典型案例。赶工风险管理研究表明教育需要顺应个人的成长规律。在企业人力资源管理过程中，为确保项目实施能达到预期成果，也需要对人才进行培养，不可操之过急。事实上，一切项目的实施都需要有人参与，做好人才培养工作，是人力资源管理的重要内容。

第三，在建设工程项目中的应用。建设施工的周密规划和科学的进度管理一直是实现项目预期经济效果的必要手段。赶工风险管理理论模型在建设施工项目中具有较强应用前景。

总之，项目赶工风险管理研究为我们提供了一个决策思考方式。我这样做是否符合自然规律？如果符合，可以实施；否则，我们完全可以慢一点，避免失败。

6.2 展望

在项目进度管理中,由于控制不当使得赶工带来的危害不断放大,进而影响项目的经济效果。有时候由于忽略赶工带来的影响,还可能给经济社会带来极大的损失,因此,强化进度管理,避免赶工带来的损失就成为经济高质量发展的重要手段。项目赶工风险管理研究领域将进一步拓展,主要体现在以下几方面:①研究世界发展动向与我国经济、社会发展的相互联系与影响,并制订相应的对策与解决方案。②研究全国或一个区域的经济战略与社会战略问题。例如,工业、农业、资源、生态、人口和消费的关系;人口就业、家庭、生活水平、住房和教育等的关系。

第一,如何全面评价中国经济的持续超高速增长对国内社会、经济、生态等诸方面和在世界上的影响,这是当前国人和世人共同关心的问题。众所周知,我国的所谓"三农"问题、金融问题、电力与石油等能源短缺问题、原材料缺乏问题,尤其是在全国范围内长期累积形成的生态环境的严重破坏的恶果正在日益凸显。有人担心,中国社会、经济系统可能出现危机,应进行及时和有效的危机管理。以赶工风险传递理论模型的视角来考察,这是一个国家社会、政治经济系统的综合问题,可以通过建立赶工风险传递理论国家模型来研究问题的症结,寻找对策。因此,用赶工风险传递理论模型研究中国宏观社会经济的危机管理是一个重要方向,可以研究:能源、资源约束,生态治理、环境保护可持续发展问题以及国家金融系统的危机管理问题等。

第二,中国的经济增长中,伴随工业化发展,会出现城市化问题。城市的发展中经济、人口、交通、建筑、环境的协调发展需要动态整体的长期规划,因此赶工风险传递理论模型可以广泛应用于城市发展,城市规划问题的研究。同时,城市化伴随着信息化,使物流与供应链系统发生了巨大的变化。把项目赶工风险管理理论模型应用在供应链管理中也是一个重要的发展方向。

第三,将赶工风险传递理论模型应用于产业问题的研究中也是其应用的重点。医疗与保障系统的改革也是我国经济体制改革的重点之一。如何消除现有医疗体制的诸多弊病,提高医院的竞争力,同时使大众能够获得医疗和健康保障服务,增进人群健康。这需要建立赶工风险传递理论模型去研究:社区和人群、城市和农村健康和医学、医疗和防保、公平与效率、服务与管理、管理与网络、社区与大医院、竞争与协调、政策与障碍、理论与实践、健康与发展等问题。

参考文献

[1] Cooper D, Chapman C. Risk analysis for large projects: models, methods, and cases[M]. Wiley, 1987.

[2] Huang C, Moraga C. A fuzzy risk model and its matrix algorithm[J]. International Journal of Uncertainty, Fuzziness and Knowledge-Based Systems, 2002, 10(4): 347-362.

[3] Dey P K. Decision support system for risk management: a case study[J]. Management Decision, 2001.

[4] Hogan J T. A study of the salient factors involved in venture capital investment decisions in technology-based ventures[D]. The Union Institute, 1992.

[5] Raftery J. Risk analysis in project management[M]. Routledge, 2003.

[6] Nilsen T, Aven T. Models and model uncertainty in the context of risk analysis[J]. Reliability Engineering & System Safety, 2003, 79(3): 309-317.

[7] Carbone T A, Tippett D D. Project risk management using the project risk FMEA[J]. Engineering management journal, 2004, 16(4): 28-35.

[8] Han S H, Kim D Y, Kim H, et al. A web-based integrated system for international project risk management[J]. Automation in construction, 2008, 17(3): 342-356.

[9] Temel S, Vanhaverbeke W. Knowledge risk management during implementation of open innovation[M]//Knowledge Risk Management. Springer, Cham, 2020: 207-227.

[10] Shakhov A, Piterska V. The development of the risk management mechanism for innovation project[J]. EUREKA: Physics and Engineering, 2018 (3): 12-20.

[11] Kwak D W, Seo Y J, Mason R. Investigating the relationship between supply chain innovation, risk management capabilities and competitive advantage in global supply

chains[J]. International Journal of Operations & Production Management，2018.

[12] Xiao Q. A matter-element method for risk identification of technology innovation[J]. International Journal of System Assurance Engineering and Management，2018，9(3)：716-728.

[13] Dandage R V，Rane S B，Mantha S S. Modelling human resource dimension of international project risk management[J]. Journal of Global Operations and Strategic Sourcing，2021.

[14] Rahimi Y，Tavakkoli-Moghaddam R，Iranmanesh S H，et al. Hybrid approach to construction project risk management with simultaneous FMEA/ISO 31000/evolutionary algorithms：Empirical optimization study[J]. Journal of construction engineering and management，2018，144(6)：04018043.

[15] Heravi G，Gholami A. The influence of project risk management maturity and organizational learning on the success of power plant construction projects[J]. Project Management Journal，2018，49(5)：22-37.

[16] Zhang Y，Guan X. Selecting project risk preventive and protective strategies based on bow-tie analysis[J]. Journal of Management in Engineering，2018，34(3)：04018009.

[17]李存斌,陆龚曙.工程项目风险元传递的系统动力学模型[J].系统工程理论与实践,2012,32(12):2731-2739.

[18]倪冠群,徐寅峰,许晓雯.工程项目进度——费用优化的占线风险补偿模型[J].系统工程理论与实践,2009,29(12):141-146.

[19]赵金先,范轲,王苗苗,孙境韩.工程项目施工风险管理能力成熟度应用研究[J].工程管理学报,2017,31(1):134-139.

[20]赵平,张向伟.基于蚁群算法的建设项目赶工措施控制研究[J].计算机工程与应用,2014,50(20):254-258+270.

[21]王卓甫,刘俊艳,丁继勇.考虑进度不确定的土石坝填筑施工成本风险分析[J].水力发电学报,2011,30(5):229-233+247.

[22]王瑛,孙贇,孟祥飞,亓尧,李超.基于机会理论的复杂装备系统风险传递GERT研究[J].系统工程与电子技术,2018,40(12):2707-2713.

[23] 李小鹏,李存斌,刘定,孙肖坤.基于 DEMATEL-ISM 的电力 CPS 事故构模分析[J].华北电力大学学报(自然科学版),2018,45(4):67-77.

[24] 罗刚,王诗玉,李智勇,黄香.基于 GERT 网络的 PPP 项目风险传递分析[J].价值工程,2018,37(24):50-52.

[25] 柯宏发,陈典斌,郭道通,祝冀鲁.信息系统体系成熟度的加权评价模型[J].兵器装备工程学报,2017,38(12):267-271.

[26] Kressel H. Risk & Innovation: The Role and Importance of Small High-tech Companies in the US Economy[M]. National Academies Press,1995.

[27] Wolfe R A. Organizational innovation: Review, critique and suggested research directions[J]. Journal of management studies,1994,31(3):405-431.

[28] Kolvereid L. Prediction of employment status choice intentions[J]. Entrepreneurship Theory and practice,1996,21(1):47-58.

[29] Schumpeter,J.A. The Theory of Economic Development[M].New York: Oxford University Press,1934.

[30] Naffziger D W, Hornsby J S, Kuratko D F. A proposed research model of entrepreneurial motivation[J]. Entrepreneurship theory and practice,1994,18(3):29-42.

[31] Yilmaz S, Seifert C, Daly S R, et al. Design Heuristics in innovative products[J]. Journal of Mechanical Design,2016,138(7):071102.

[32] Li Y, Wang L. Chaos in a duopoly model of technological innovation with bounded rationality based on constant conjectural variation[J]. Chaos, Solitons & Fractals,2019,120:116-126.

[33] Sanders K, Jorgensen F, Shipton H, et al. Performance - based rewards and innovative behaviors[J]. Human Resource Management,2018,57(6):1455-1468.

[34] Mahmoud M A, Hinson R E, Anim P A. Service innovation and customer satisfaction: the role of customer value creation[J]. European Journal of Innovation Management,2018.

[35] 陈斌,王蕾,刘群英.基于 AHP——熵值法的 PPP 项目风险评价模型研究[J].工程管理学报,2017,31(2):126-130.

[36] 赵丽娟,董小林,赵佳红,吴阳.基于 FTA-SCL 模型的建设项目风险系统评价

[J].项目管理技术,2017,15(4):25-30.

[37] 李存斌,刘赟奇,李书科.施工项目中设计风险元传递模型研究[J].运筹与管理,2015,24(6):143-151.

[38] 石黎.基于探索图的创业投资项目风险测评模型研究[J].信息化建设,2015(3):72-75.

[39] 黄菊,唐建民.基于AHP—GRA的不连续性技术创新风险评价[J].中国集体经济,2015(4):73-74.

[40] 秦旋,莫懿懿,王景慧.绿色建筑项目风险测度与评价假设模型研究[J].西安建筑科技大学学报(自然科学版),2014,46(5):706-715.

[41] 李红艳.基于ISM的产业集群合作创新风险分析[J].河南工程学院学报(社会科学版),2014,29(1):5-8+71.

[42] 常昊,刘吉成,李存斌.风电项目前期风险元传递模型研究[J].华东电力,2014,42(1):115-118.

[43] 戴运华.GO公司HepDX技术创新项目风险管理研究[D].华东理工大学,2014.

[44] 陆龚曙.施工项目群风险元传递模型及其信息系统研究[D].华北电力大学,2013.

[45] 陈国藩.企业突破性创新风险评估与动态演化研究[D].中南大学,2013.

[46] 洪涛.我国中小企业技术创新项目风险评价研究[D].江苏大学,2009.

[47] 李阳,王祖志.基于BP神经网络的BOT项目风险评价模型研究[J].中国水运(下半月),2008(3):250-251.

[48] 马庆喜,王丽萍,张立新.技术创新项目组合优化投资决策研究[J].学术交流,2007(9):88-91.

[49] 李存斌,王恪铖.网络计划项目风险元传递解析模型研究[J].中国管理科学,2007(3):108-113.

[50] 梁威,刘满凤,唐厚兴.技术创新项目选择评价体系研究[J].科技与管理,2006(5):115-118.

[51] 刘菊芬,张玲.企业人力资本投资风险管理研究[J].企业经济,2014(7):63-66.

[52] 徐茜,岳雷,姜道奎.高科技企业人才流失预警机制研究[J].科技管理研究,2015,35(15):127-130.

[53] 范冬清.风险规制、过程管控及价值衡量——大学高层次人才引进风险的管理模

型解析[J].高教探索,2015(3):13—16.

[54] Abele E. Learning factory[M]. London:CIRP Encyclopedia of production engineering,2016:82.

[55] Alptekin S E,Pouraghabagher R P,et al. Teaching factory [M].Proceedings of the 2001 American Society for Engineering Education Annual Conference & Exposition. Albuquerque,New Mexico,2001:1—8.

[56] Salah B,Abidi M H,Mian S H,et al. Virtual reality—based engineering education to enhance manufacturing sustainability in industry 4.0[J]. Sustainability,2019,11(5):1477.

[57] Gräßler I,Taplick P,Yang X. Educational learning factory of a holistic product creation process[J]. Procedia CIRP,2016,54:141—146.

[58] 李鹏,李存斌,胡金辉.智能电网下发电侧运营管理风险元传递模型[J].华东电力,2014,42(2):211—217.

[59] 陆龚曙.施工项目群风险元传递模型及其信息系统研究[D].华北电力大学,2013.

[60] 李存斌,陆龚曙.工程项目风险元传递的系统动力学模型[J].系统工程理论与实践,2012,32(12):2731—2739.

[61] 酉媛媛.企业人力资源风险元传递模型及应用研究[D].华北电力大学,2014.

[62] Borman K R,Fuhrman G M. "Resident Duty Hours:Enhancing Sleep,Supervision, and Safety":response of the Association of Program Directors in Surgery to the December 2008 Report of the Institute of Medicine[J]. Surgery,2009,146(3):420—427.

[63] Gibson M,Shrader J. Time Use and Productivity:The Wage Returns to Sleep[J]. University of California at San Diego Economics Working Paper,2014,47(2):7—11.

[64] 詹丽,张小月.基于未确知测度的旅游应急管理能力评价研究——以湖北恩施自治州为例[J].资源开发与市场,2018,34(1):113—117+76.

[65] 孔繁森,赵凯丽,陆俊睿,白小刚,孙琳琳.结构件装配复杂性分析的框架及其在装配质量缺陷率预测中的应用[J].计算机集成制造系统,2017,23(12):2665—2675.

[66] 黄福庆,孟涛.多责任网格社会治理系统能力评价模型[J].建设科技,2017(21):88—92.

[67] 毕翔,吴志雄,刘征宇,陆阳.基于加权多维隶属度函数的软件可靠性模糊评估[J].

合肥工业大学学报(自然科学版),2017,40(11):1483—1488.

［68］黄振香,赖永波.基于Fuzzy-Ahp模型的农地流转金融支持绩效评价——以福建为例[J].华侨大学学报(哲学社会科学版),2017(6):61—74.

［69］侯军岐,杨思雨.种业企业快速并购战略决策及影响因素排序[J].西北农林科技大学学报(社会科学版),2018,18(1):131—138.

［70］杜卫国,张旭东,李金明.试论基于现金流量模型的高校财务风险评价体系[J].财政监督,2017(24):91—95.

［71］李刚,李建平,孙晓蕾,赵萌.主客观权重的组合方式及其合理性研究[J].管理评论,2017,29(12):17—26+61.

［72］刘鸿洋,张立,王志红,崔威,李娜.基于Kraljic矩阵的电力零星工程与服务采购策略[J].现代商贸工业,2018,39(3):28—30.

［73］孙国强,吉迎东.集团网络决策权配置模式与配置效率研究[J].经济管理,2017,39(11):54—66.

［74］卢日彬,郭宗逵.养老住宅投资风险评价[J].价值工程,2018,37(4):35—37.

［75］张昌栋,陈彦.工程项目决策中软信息基本问题的探讨[J].建筑经济,2010(8):39—42.

［76］赵志鹏,李显忠.基于模糊数学的城市地铁项目决策评价方法[J].地下空间与工程学报,2010,6(S2):1538—1541.

［77］赵志鹏,李显忠,郐军超,董海欧.城市地下空间建设项目决策方法的研究[J].地下空间与工程学报,2010,6(S1):1331—1334.